# 〈核災棄民〉が語り継ぐこと

レーニンの『帝国主義論』を手掛りにして

鈴木正一 評論集

コールサック社

# 〈核災棄民〉が語り継ぐこと

## ――レーニンの『帝国主義論』を手掛りにして

目次

# 〈核災棄民〉が語り継ぐこと

## ――レーニンの『帝国主義論』を手掛りにして

原子力発電は、〈核爆弾〉と同種の〈核発電〉と、その事故（原発事故）を〈核災〉と言う。
見すてられ、国家などの保護下にない被災者は、〈棄民〉であり、原発被災者を〈核災棄民〉と言う。

（本文九〜十頁）参照

# 一、〈核災棄民〉が語り継ぐこと

二〇一一年（平成二十三年）三月十一日東日本大震災と東京電力第一原発事故が発生し、私たち浪江町の被災者は、七年を超える避難生活を余儀なくされている。発生当時の政府・東京電力の対応は、浪江町とその住民に対して、無策と言っても過言ではない無責任なものだった。ふるさとの風土は、完全に破壊され、元に戻ることはないだろう。帰還困難区域の友人は、環境省の役人から特定復興再生拠点以外は、「帰還は百年先の話でしょう」と言われたそうだ。昨年二〇一七年（平成二十九年）三月末に、避難指示が帰宅困難区域を除いて解除されたが、帰還者は四百九十人で３％未満（浪江町・平成三十年一月末現在）が現況である。避難の際に家族を含め、親戚・友人等の人間関係が分断され、今度は帰還で同様のことが起きている。コミュニティ破壊の連鎖が止まらない。それは、ふるさと消滅の序曲なのだろうか。

原発事故は、避難指示区域で十六万五千人、自主避難者を含めれば三十四万四千人の原発被災者をつくりだした。そもそも「核エネルギーの平和利用」など存在するのだろうか。農耕や牧畜を始めた人類の歴史は一万年程度だが、核廃棄物の寿命は十万年単位だということは想像もできない、未来永劫の時間である。その安全（?）な管理には天文学的な時間と費用がかかるだろう。

経産省資源エネルギー庁と原子力発電環境整備機構（ＮＵＭＯ）は、本年二〇一八年

（平成三十年）五月から高レベル放射性廃棄物に関する説明会を、全国で順次再開するそうだ。予測できない戦争や「想定外」の自然災害にも対応できる、核廃棄物の安全な管理を可能にする科学・技術は、完成していない。核廃棄物が人類死滅の元凶になることを、誰も否定することはできない。私たちの子孫に、危険この上ない遺産を残すことを考えれば、現在の科学・技術では「核エネルギーの平和利用」など存在するべきではないと言わざるを得ない。

詩人の若松丈太郎氏（福島県南相馬市在住）は、著書『福島核災棄民――町がメルトダウンしてしまった』で次のように述べている。

「わたしは原発を〈核発電〉、原発事故を〈核災〉と言うことにしている。その理由は、おなじ核エネルギーなのにあたかも別物であるかのように〈原子力発電〉と称して人びとを偽っていることをあきらかにするため、〈核発電〉という表現をもちいて、〈核爆弾〉と〈核発電〉とは同根のものであると意識するためである。

さらに、〈原発事故〉は、単なる事故として当事者だけにとどまらないで、空間的にも時間的にも広範囲に影響を及ぼす〈核による構造的な人災〉であるとの認識から〈核災〉と言っている。」

そして、若松氏は、被災者を単なる被災者ではなく「見捨てられて国家などの保護下にない人たち」＝〈棄民〉と合成して原発被災者を〈核災棄民〉という造語を創りだした。それらは、実態を的確に表現していると思われる。私も右の概念で〈核発電〉・〈核災〉・〈核災棄民〉という言葉を用いることにした。

〈核災〉の責任は、東京電力と政府にあることは明白だ。〈核災棄民〉をつくりだした元凶は何か。その根本原因を解明するのが主題である。〈核災〉は、有史以来の未曾有の人災（不法行為）にもかかわらず、誰一人として実刑を科された者がいない。不思議な話だ。私は、避難生活の中でそのことを漠然と考えていた。

昨年二〇一七年（平成二十九年）は、「帝国主義論」・「資本論」それぞれ発刊百周年・百五十周年の年だった。「資本論」と「帝国主義論」は、資本主義の自由主義段階（生成・発展）と独占主義段階（発展・消滅）の法則を解明し、高度に発達した現代資本主義（国家独占資本主義）分析においても、有効な理論的基礎であると思われる。私は、卒業論文で執筆した「レーニン『帝国主義論』基本論理に関する一考察」(1)を何度か読み返した。それは、その解釈と現代資本主義（国家独占資本主義）分析の視角に関するものだ。

小論文の概略は、『帝国主義論』の基本論理である三つの規定の、第一規定「独占資本主義」、第二規定「寄生的・腐朽的な資本主義」、第三規定「死滅しつつある資本主義」の論理関係を明らかにする中で、第二規定の現状を分析することが、今後の資本主義分析の重要な視角であるという論旨だった。

素朴な疑問だが、レーニンは何のために『帝国主義論』を執筆したのか。彼の眼前に広がっていた当時の風景は、貧困にあえいでいた多くの人々と、少数ではあったが劣悪な労働条件下で搾取されていた労働者であり、戦争がその苦しみをさらに増幅させていた時代だった。彼の目的は、帝政ロシアの圧制に苦しむ人々を助け出すことだった。そのために、少数ではあったがレーニンの党ボルシェビキは、ロシアをブルジョア民主主義革命へ導くための、戦術と政策を策定しなければならなかった。彼は机上の経済学者ではなく、実践的革命家だった。

史的唯物論に裏づけられた戦術と政策を策定するためにこそ、『帝国主義論』は執筆された。彼は、世界の客観的情勢と「のろわしいイソップ的な」、「奴隷の言葉」で語らねばならなかった「寄生的・腐朽的な資本主義」と「主体的契機」の世界的発展と拡大、その必然性と可能性を明らかにして、当時の「独占資本主義」が「死滅しつつある資本主義」であることを明らかにした。重要なことは、彼の指導のもとにロシア革命を成功させた歴史的事実だ。

時代認識を正確に把握することは、唯物史観の主要な課題だ。レーニンの当時の時代認識については、「三、『帝国主義論』の基本論理」の第一章を参照して欲しい。少々長い文章だが、『帝国主義論』理解の前提である。

我々は、レーニンの生きた時代を飛び越えて、今を生きているわけではない。『帝国主義論』の現代的評価について充分に承知していないが、レーニンが、当時の独占資本主義の分析を通して現代資本主義の分析視角を示唆していたことは、驚嘆に価すると思われる。私には、レーニンが示した「百年前からの道しるべ」だったのではないかと思われる。レーニン後の世界を史的唯物論に基づき分析することこそ、彼から学ぶべき教訓だと考えられる。

世界は、西暦一九〇〇年に地球上の土地が分割(2)され、再分割の戦いである二回の世界大戦を通して、大きな犠牲のもと、戦争から平和へ、絶対主義から民主主義へという貴重な経験をした。歴史は、レーニンの予想とは大きく相違した。第三規定「死滅しつつある資本主義」は、生産の社会化=物質的前提と「主体的契機」の成熟度により規定される。レーニンの時代は、当時の「主体的契機」の発展の必然性と可能性のもとに第三規定が定式された。しかし、現代資本主義は、体制を延命させる諸施策が国民生活のあらゆる分野において多種多様な形態で浸透している。レーニンの時代とは違い生産の社会化が極端に進展したが、「主体的契機」は現代資本主義の強力な延命の力により未熟な状態である。しかし、他方において地球温暖化等の環境問題・資源の枯渇と開発の問題・安全保障・憲法改正の問題等各分野に、そして労働運動に留まらず国民生活に結びついた多様な活動組織が、各階層に形成され活動しているのも確かな事実である。

〈核災〉は、先人が気の遠くなる時間と労力をかけて造りあげてきた故郷とコミュニティを瞬時に破壊した。避難指示解除後も県内に一万六、四二六人・県外に三万四、〇九五人、避難先不明十三人合計五万〇、五三四人（福島県・平成三十年一月末現在）避難しているのが現況である。ようやく、平成二十四年ピーク時の三分の一以下まで減少した。震災・津波による直接死者一、六〇五人に対し、原発事故関連死者は、六〇六人上回り二、二一一人（同・平成三十年二月二十日現在、内自殺者は昨年十二月末現在九九人）で、今後も増え続けるだろう。今も被災者に厳しい生活苦を強いている。たとえ住民が帰還しても、失われた故郷とコミュニティは、生涯「帰還」することはなく、憤懣やるかたない心労に終りはないだろう。

「もしかすると原発事故による広大な地域に生じた被害を表現するのに『ふるさと喪失』というすこし情緒的な言葉はふさわしくないのかもしれない。原発事故による避難は地域の破壊そのものであり、強奪であり、終期の見えない強制的な移住であり、突き詰めれば命を奪うという数々の人権侵害だった。」（福島民報論説・平成三十年二月二十三日）。〈核災〉の被害の実態とその根本原因を語り継ぐことは、自分の後世への責任だと思われる。

国民の監視の運動こそ最後の砦になるからだ。

注（1）卒業論文は福島大学経済学部「信陵論叢」第十七巻（一九七五・六）に所収

注（2）三、『帝国主義論』の基本論理（本文五一頁）を参照

# 二、原発事故〈核災〉の根本原因

戦後の資本主義社会は、発展途上国の独立と振興・「社会主義国」の誕生・EU（欧州連合）の結成と離脱・核兵器等の軍事技術の高度化・最近では、IS問題・難民問題・国際政治経済における中国の台頭・北朝鮮問題など、レーニンの時代には存在しなかった多岐に亘る現象が存在している。現代資本主義（国家独占資本主義）は、国家権力との結びつきはさらに強化・複雑化し、『帝国主義論』の第一規定の独占資本主義の五つの標識だけでは不充分かもしれない。信用通貨制度・IMF体制・多国籍企業の誕生・高度先端科学の発展等、特に情報産業は第四次産業革命と言われる時代となった。第一規定の内容の多様化にもとづき、第二・第三規定にも当然反映される。しかし、それらは生産の社会化をさらに促進し、資本主義の基本的矛盾を拡大・深化させるものであると同時に、資本主義の命を長らえる手段として、新たな寄生性・腐朽性の根源にもなっていると思われる。

私は、本文「三、『帝国主義論』の基本論理」を読み返す中で、留意した箇所を次に抽出する。「…帝国主義が危機を回避して、その命を比較的に長期化しても、その為には同様な寄生的な腐朽的な機構をもってしか延命させることはできない…。その命を比較的に長らえている現代帝国主義は、どの様な寄生的な腐朽的な構造を持って自らを

支えているのかということであり、それは、国家独占資本主義分析のため重要な視角を示唆するのである。」（本文四三頁）

「…金利生活国は、寄生的な腐朽化しつつある資本主義の国家でありそしてこの事情は、一般的にはそれらの国々のあらゆる社会的政治的諸条件のうえに、特殊的には労働運動における二つの主要な潮流のうえに反映しないではおかない。……。しかし、ここで注意しなければならないことは、レーニンは、一般的に金利生活国のあらゆる社会政治的諸条件への反映も、重要な政治的社会階級的寄生性の内容として把握していることである。労働運動への寄生性＝日和見主義の培養という点のみをもって政治的社会階級的寄生性の概念内容としたのではなく、まさにその寄生性は特殊的に把握されていたのである。」（本文五三頁）

「…。そして第二に、経済的寄生性を基礎にして、特殊的な反映としては、労働運動に寄生し、そのことによって労働運動を分裂させ日和見主義的潮流を必然的なものにする。第三に、一般的な反映としては「金利生活国」のあらゆる社会的政治的諸条件＝社会的諸施設、政治的諸機構、民主主義的諸機構などに日和見主義者に対する経済的特権や施し物に照応する政治的特権や施し物にさせていくことである。…第二第三の反映は帝国主義を延命させるかぎりでの、すなわち引きつけとしての反映として把握するのであ

る。」（本文七七頁）
「第二規定は、客観的には労働運動の反逆を引き起こさざるを得ない要因としての性格があたえられる。」（本文七八頁）
以上のことから私は、第二規定の把握で次の三点に注目する。第一に労働運動は特殊的であり一般的には社会のあらゆる分野に存在すること。第二に資本主義の延命の為の手段（引きつけ）でもあること。第三に「主体的契機」への反映（反逆）が、第三規定「死滅しつつある資本主義」を決定づける主要な要因であるということだ。現代資本主義分析の視角として、「寄生性・腐朽性」の資本主義体制延命の作用及び「主体的契機」への反映の分析が重要であると考える。

核発電所の開発は、戦後国家政策として政府と電力会社が、二人三脚で進めてきたエネルギー事業だ。東電第一原発事故に関する政府の対応で注目している要点を羅列すれば、次のとおりだ。

（一）国の財政的支援
1、除染及び廃棄物処理費用の全額負担

2、復興費用の一部負担（〈核災〉を原因とする費用～仮設、災害公営住宅等）
3、廃炉費用の一部負担（凍土遮水壁費用～約三百五十億円）
4、賠償金の財源は全額、国の無利子貸付金（限度額十三、五兆円で最終金額及び完済期限は不明・利息は国民負担か）
＊これらは本来原因者が負担すべきだ。

（二）国の政策的支援（電力産業の他、核発電産業を含む）
1、原子力損害賠償紛争審査会の賠償基準は、東電の責任を一部矮小化
2、東京電力の一部国有化と国指導による電気産業の官民合体「共同事業体」の設立（平成二十八年十二月経済産業省発表）
3、核発電の運転再開（〈核災〉の原因未確定・三十キロメートル圏内の避難計画ない中での再開）
4、東電〈核災〉後、海外への核発電輸出のトップセールス（政府は新幹線等、大企業のトップセールスの役割をはたす）
5、核発電輸出への政府系金融機関（国際協力銀行）の金融支援の再開
6、各電力会社出資の基金設立の行政指導

## 7、国民からの収奪システムの構築（経営損失の補填と新エネルギー買取分の電気料金への転嫁）

これらの国の電力産業への優遇は、国民・〈核災棄民〉が納得できるものではない。

戦後、東電第一原発の敷地（三百二十ヘクタール）は、昔「大沢《おっとざわ》飛行場」（旧陸軍飛行場跡地）と呼ばれ、私が子供の頃は、よく父母に松林の中に生えているアミタケという茸を採りに連れて行かれた思い出深い場所だ。いつの日か進入禁止となった。それは、国から国土計画興業（堤康次郎・堤義明）が、三万円で払い下げを受け東電に二億五千万円（一坪二百五十円）で転売したからだ。住民の知らないところで核発電所の開発が計画され、進められた。当初から、政治家と経済人の癒着が出発点だった。その後、核発電所の開発と建設が、どのような政治的・経済的経過をたどったのか、どのように管理・運営され、国の行政指導はどうであったのか、事故の原因と責任の究明は、どのように行われたのか。

電力産業全体が、便宜と利益を確保するための経済政策を、政治の独占を通して構造的にどのように造りあげてきたのか、又それら（経済と政治における独占）は、相互補完的構造でありどのような経過を経たのか。「寄生的・腐朽的な資本主義」の視角から分析するべきと思う。そして、それは資本主義体制の維持・強化すなわち延命のためにどのような役割を果たしたのか等の分析を通して、原発事故〈核災〉の根本原因の明細が明らかになると思われる。

二〇一八年（平成三十年）五月八日、東京電力福島第一原発事故を巡り、業務上過失致傷罪で強制起訴された、勝俣恒久元会長ら東電旧経営陣三人の第十回公判が東京地裁（長渕健一裁判長）で開かれた。「長期評価」（平成十四年）を取りまとめる国の地震調査研究推進本部の事務局に出向した気象庁地震火山部の前田憲二氏の証言によれば、①最大十五、七メートルの巨大津波が原発の敷地を襲うとする試算の根拠となった「長期評価」は、策定に関わった専門家から異論はなく議論の結果だったこと、②「長期評価」の公表の直前に防災を担当する内閣府から、太平洋側で大津波が起きる危険があるとの見解は、信頼度が低いことを明記して修正するよう求められたこと、当時のやりとりについて「面食らった」と述べ、内閣府の要請は妥当ではないと証言した。

翌日の第十一回公判では、「長期評価」を取りまとめた元原子力規制委員の島崎邦彦東大名誉教授（地震学）が出廷。①「長期評価」を災害策定で重視しなかった内閣府と対策を採らなかった東電を批判し、対策を講じていれば原発事故は起きなかったと証言した。又、②防災を担う国の中央防災会議が、「長期評価」を想定に取り入れなかったのは「政治的判断だったとしか思えない」と述べ、原発の津波対策を強いられる東京電力などが防災会議（国）に働きかけた結果ではないかとの見方を証言した。以上は、福島民報（平成三十年五月九・十日）記事を要約した（傍点は筆者）。

本件裁判では、寄生的腐朽的な政治経済構造のごく一部の具体例が明らかになった。今後の公判でさらに解明されると思われる。

最近、国会で紛糾している「森友学園」への国有地売却における決裁文書改ざん問題は、政治家と官僚相互の圧力と忖度の関係であり、そのために改ざんと隠蔽が繰り返された。国民を無視する行政行為が日常化されているのだろうか。「森友学園」・「加計学園」問題は、氷山の一角と思われる。同様の問題は財務省・文科省以外に防衛省・厚労省でも発生している。そして、この問題は行政府に留まることなく、当然にも立法府にも反映（国会機能の無力化）し、三権分立という民主主義の原則破壊という深刻な事態を引き起こしている。看過することはできない。行政府・立法府における寄生性・腐朽性そのものと言わざるをえない。原発事故〈核災〉の根本原因は、政治構造と経済構造の寄生性・腐朽性の相互関係から発生した結果であり、公文書改ざん問題も根っこは同じだ。

最後に、自己増殖を本能とする資本主義のもとでは、政府と東京電力に原発事故〈核災〉の根本原因を究明する能力も意欲もないだろう。現代資本主義の「寄生性・腐朽性」が、原発事故〈核災〉の根本原因であり、事故は偶然ではなく必然であったと言える。原因を究明できず三十キロメートル圏内の避難計画も策定されない中で〈核発電〉の再開が強行されているが、事故の再発の必然性を残念ながら否定することはできないと思われる。

原発事故〈核災〉の根本原因は、現代資本主義の「寄生性・腐朽性」の極みでありその論拠として、又『帝国主義論』は現代資本主義分析の有効な基礎理論であることの論証のために、卒業論文の自己論理の論旨を変えず一部割愛・加筆修正し、次の「三、『帝国主義論』の基本論理」にその主な内容を要約して収録することとする。なお、卒業論文原本は、資料として掲載する。

# 三、『帝国主義論』の基本論理

# はじめに

本研究の課題は、三規定の内的論理連関を明らかにすることにより、『帝国主義論』の基本論理を理解することである。それは、国家独占資本主義論の基礎的論理を準備することであるし、その分析の為の視角を確立することにもなると考える。

又、『帝国主義論』の基本論理を理解する際に、レーニン全集二十一巻から二十三巻のすべての論文、手紙等を考慮した。それは〝この小冊子はツアーリズムの検閲を考慮して書かれた。だから私は余儀なく、もっぱら理論的な——それも特に経済学的な——分析にごく厳重に極限しなければならなかったばかりでなく、政治について小数の欠くことのできない意見を述べるときは、最大の慎重さをもって、ほのめかしで、あのイソップ的な——のろわしいイソップ的な——言葉で、定式化しなければならなかった。〟（国民文庫『帝国主義論』副島訳八頁、以後文庫と略す）し、〝帝国主義は社会主義革命の前夜であること、社会排外主義（口先では社会主義、行動では排外主義）は社会主義に対する完全な裏切りであり、ブルジョアジーの側への完全な移行であること、労働運動のこの分裂は帝国主義の客観的条件と関連するものであること等々を、私は「奴隷の」言葉でかたらねばならなかった。〟（文庫九頁）からであり、レーニン自身によっても参照するように指示されているからである。

凡　例

① 〝……〟は引用を示す。
② 引用文において筆者が傍点をつけた場合は、ことわり書きを添えるが、それがない場合は原文の傍点である。
③ 注（ ）は、資料の原本に掲載してある注なので、各節の最後に原本の頁を記載する。
④ レーニン全集は全、『帝国主義論』副島訳は文庫と略す。

# 第一章　『帝国主義論』第三規定の歴史的性格

――問題提起にかえて――

## はしがき

レーニンは、生身の客観的情勢の総体を、真に唯物史観の立場から分析し得たが故に、唯一正しいマルクス主義的戦術を確立し又、マルクス主義を創造的に発展させ、その内容を豊富にすることができたのである。それ故、レーニンが帝国主義を死滅しつつある資本主義であると規定した時、その主体的契機である当時の社会民主党の左派＝国際主義者達の具体的な闘争の前進（あるいはその可能性と必然性）が、常に念頭にあったのだと思われる。レーニンの世界革命の予想もそれに基づいて組み立てられていったのは言うまでもないことであろう。本章においては、以上の二点を明らかにしたい。なお、当時とは二十一巻から二十三巻までの時期――一九一四年八月～一九一七年三月――である。

なぜこのような議論をするかといえば、第一には、『帝国主義論』において、当時の客観的情勢を前提に論理が展開されていると思えるところがあるし、直接的には、第十章把握の前提とも又、『帝国主義論』全体の把握の前提とも考えるからである。第二に、現在『帝国主義論』の一般的な意義について強調されはするが又、独占段階の一般的な理論としても強調されてはいるが、しかし、『帝国主義論』を歴史的にとりあげ、歴史的性格を有したものとして、把握するという立場はあまりないと思えるのである。

## 第一節　革命的情勢と革命勢力の成長

レーニンは、〝一般的にいって、革命的情勢の兆候とは、どんなものであろうか？つぎの三つの主要な兆候をあげれば、たしかにまちがいではないだろう。〟として、三つの主要な兆候を指摘する。すなわち〝①支配階級にとっては、いままでどおりの形で、その支配を維持することが不可能なこと。「上層」のあれこれの危機が、割れ目をつくりだし、そこから被抑圧階級の不満と激昂がやぶれ出ること。革命が到来するには、通常、「下層」がこれまでどおりに生活することを「のぞまない」だけではたりない。さらに、「上層」がこれまでどおりに生活していくことが「できない」ことが必要である。②被抑圧階級の欠乏と困窮が普通以上に激化すること。③右の諸原因によって、大衆の活動性がいちじるしくたかまること。大衆は、「平和」の時代には、おとなしく略奪されるままになっているが、あらしの時代には、危機の環境全体によっても、また「上層」そのものによっても、自主的な歴史的行動に引き入れられる。

個々のグループや党の意志ばかりでなく、個々の階級の意志とも無関係な、これらの客観的な変化がなければ革命は――通例――不可能である。これらの客観的変化の総体が、革命的情勢と呼ばれるのである。〟(全二一、二〇八頁)。一般的に革命的情勢とは、以上のことである。

それでは当時の革命的情勢の具体的な〝客観的変化の総体〟とはどの様なものであったのだろうか。第一には、「金利生活国」(金融資本家)は、自らの支配を維持、強化するために、独占と特権を目ざすために、必然的に領土再分割闘争をひきおこさざるを得なかった。すなわち、植民政策のもとに帝国主義戦争をひき起こさないでは、〝「上層」が、これまでどおりに生活していくことが「できない」〟という情勢にあったということ。第二には、〝今日の社会が社会主義へ移行するのに、どの程度成熟しているかは、人民の力の緊張が、五千万以上の人間の全経済生活を、一つの中心から規制するような状態にうつることをよぎなくさせた。ほかならぬ戦争がこれを証明したのである〟(全二三、二九八頁)。すなわち、社会主義のための物質的前提はすでに成熟し、戦争がそれを証明したということ。そして第三には、〝大衆の最大の不満、動揺、憤りは現に存在してい〟(全二三、二九九頁)て、〝戦争は通常の仮眠の心理状態をうちやぶる激しい感情を大衆のうえに、ひきおこさないわけにはいかなかった〟(全二一、二八三頁)し、又〝戦争は革命的情勢をつくりだし、大衆のあいだに革命的気分と動揺を生みだし、いたるところでプロレタリアートの最良の部分のなかに、日和見主義が破滅的なものだという意識を呼びおこし、日和見主義との闘争をつよめている〟(全二一、三五九頁)ということ。戦争は、階級的諸矛盾を更に激化させ、〝大衆の活動性〟を〝いちじるしくたかめたのである。以上が、当時の〝事態の客観的な発展〟(全二三、二九八頁)であり、革命的情勢と呼ばれたものであろう。

当時この様な情勢にあったことは、ほかならぬブルジョア博愛主義者と〝神を信じる俗物〟(全二一、八三頁)、キリスト教民主主義者が告白しているのである。イギリスの百万長者の雑誌『エコノミスト』一九一五年二月十三日号には次の様に述べられている。〝「……。戦争がひらいている展望は、血なまぐさい革命、労働と資本との、あるいはヨーロッパ大陸の国民大衆と支配階級との、激しいたたかいの展望である。」〟又、同年三月二十七日号で、エドワード・グレーは次の様に述べる。〝「戦争は革命的無秩序をもたらすだろう。だれも、この無秩序がどこではじまり、なんでおわるかをかたることはできない」〟（以上全二二、一八六〜一八七頁）と。キリスト教民主主義者も、ブルジョア博愛主義者にまけることなく、次の様に告白（予言）するのである。〝「一夜のうちに世界の光景が一変した。……割愛……。もし窮乏が法外に大きくなり、もし絶望が勝ちをしめ、もし敵の軍服姿をしているのが兄弟であることを、たがいにさとるならば、おそらく、まったく予期されていなかったなにごとかが、さらにやってくるだろう。おそらく武器は戦争をけしかけたものへむけられるであろう。おそらく憎悪をおしつけられてきた諸国民は、突然一つに結合して、この憎悪をわすれるであろう。われわれは予言を事としたくはないが、しかし、もしヨーロッパ戦争が、われわれをヨーロッパ社会共和国に一歩近づけるならば、ともあれ、いま考えられているほど、無意味なものではないであろう。」〟（全二二、八二〜八三頁、傍点筆者）と。彼は〝武器を「戦争をけしかけた者」にさしむけても悪くないだろうとまで言っている。〟（同上、八三頁）のであり、しかもこの戦争が〝ヨーロッパ社会共和国に一歩近づけるならば〟、〝無意味なものではないであろう。〟とまで述べているのである。この神を信じるキリスト教徒、そして〝イギリスの平和主義的百万長者たち、日和見主義者、カウツキーの支持者、それに類した、平和にあこがれる社会主義者たちよりも、はるかに正しくこんにちの政治を理解している。〟（全二一、一八七頁）のである。

しかし、〝すべての革命的情勢から革命がおこるとはかぎらず〟それに〝主体的変化がくわわるばあい、すなわち旧政府をうちくだく（またはゆるがす）にたりるほど強力な革命的大衆行動をおこなう革命的階級の能力がくわわるような情勢からだけ革命がおこる〟（以上、全二一、二〇九頁）のである。したがって、レーニンは〝いまや、すべての問題は、プロリアートの自覚した前衛が、自国政府の打倒をめざす革命的闘争のために、その考えを集中し、その勢力を結集するところにある〟（全二三、二九九頁）と結論づけるのである。それでは、当時の革命勢力すなわち帝国主義の死滅性を規定するその主体的契機はどの様な状態にあったのだろうか。

　レーニンは、半世紀前と当時の一般的な相違について、以下の様に述べる。〝十九世紀には、近代的な帝国主義もなければ、社会主義の客観的諸条件も成熟しておらず、すべての交戦国に大衆的な社会主義政党もなかった。すなわち、バーゼル宣言が大国間の戦争に関連して「プロレタリア革命」の戦術を引きだしたような、そういう条件そのものがなかったのである。〟（全二一、三二五頁）。〝半世紀前には、プロレタリアートはあまりにも弱く、社会主義の客観的諸条件はまだ成熟していなかった。すべての交戦国で革命運動があい呼応し協力するなどということは、ありえなかった。……中略……。それから半世紀たって、当時の革命をよわめていた諸条件はなくなった。〟（全二一、三二〇～

三二一頁)。すなわち、社会主義の客観的諸条件＝物質的前提はすでに成熟したということと同時に、すべての交戦国に、大衆的な社会主義的政党が存在し、プロレタリアートの力が強くなり、すべての交戦国で革命運動があい呼応し協力するという可能性及び必然性が生まれたということである。

しかし、当時レーニンは、帝国主義の死滅性を規定する主体的契機を、一般的な社会主義政党の存在に求めていたとは思われない。なぜなら、ドイツ社会民主党は革命運動を裏切り、その他の政党も第二インタナショナルの「権威」カウツキーに追随し、ある者は動揺分子として存在し、あるものは排外主義者に転落してしまったからである。明らかに、レーニンは国際主義者達＝左派にとどまることのできた、〝パリ・コンミューン戦士の精神での活動〟(全二一、三二一頁)をすることができたマルクス主義者達を念頭においていたのである。

国際主義者＝左派は、レーニンの指導のもとに、日和見主義との闘争を通じ、それを克服しつつ着実にその力を大きくしてきたのである。一九一五年九月五日〜八日、スイスのツィンメルヴァルドで国際社会主義者会議(この会議は、第一次世界大戦中にひらかれた国際主義者会議の第一回目のもの)が開かれた。レーニンは、この会議の評価を論文『第一歩』と『一九一五年九月五〜八日の国際社会主義者会議における革命的マルクス主義者』において、次の様に与えている。〝一九一四年九月には、わが中央委員会の宣言は、いわばひとりぼっちであった。……。一九一五年九月には、われわれは国際的左翼の一グループに結束し、独自の戦術をもって登場し、共同宣言のなかではわれわれのいくつかの基本思想をとおしており、旧国際社会主義ビューローの戦術をまっこうから非難している宣言にもとづき旧ビューローの意志にそむいて、I・S・K（国際社会主義委員会）、すなわち、事実上、新しい国際社会主義ビューローをつくることに参加しているのである〟（全二一、四〇二頁）。〝いま言ったグループ（国際主義者、革命的マルクス主義者―筆者）がかたく結束したことは、この会議のもっとも重要な事実の一つであり、またもっとも大きな成功の一つである〟（全二一、四〇四頁、傍点筆者）。レーニンは、この会議ではじめて左派グループの結集に成功したのである。そして引続き、一九一六年二月五日〜八日、ベルンで国際社会主義委員会拡大会議が開かれ、そこにおいては、「戦争と民主主義に敵対する社会主義者の国際的統合」の問題を審議するというレーニンの提案はツィンメルヴァルド右派の圧力によって斥けられたものの、レーニンの書いた決定草案のいくつかの項目を採択させるのに成功したのである。（「第二回社会主義者会議の召集についての決定草案」全二二、一三五頁を参照）。第二回国際社会主義者会議は、一九一六年四月二十四〜三十日に、スイスのキンタールで開かれた。このキンタール会議では、帝国主義戦争の内乱への転化、戦争における自国の帝国主義的政府の敗北、第三インタナショナルの組織というボルシェヴィキの政策の基本的な命題を採択しなかったが、レーニンは社会平和主義及び国際社会主義ビューローの活動を批判した決議を通すのに成功し、国際主義的分子の分出と結集を更に促進させることができた。そして、のちにこれらの分子から、一九一九年に第三インタナショナルが、形成されることになったのである。

レーニンが、当時の帝国主義の死滅性を歴史的に規定し得たのは、以上の様な左派グループの結束の前進が必然的なものであったからであろう。そして、左派グループの前進を必然的なものにし得たのは、真にマルクス主義的戦術と政策を掲げていたからである。すなわち、〝問題は組織の成員数よりも、むしろその組織の政策の現実の客観的意義にある。……この政策が大衆を代表するものであるのか、大衆に、つまり資本主義からの大衆の解放に役だつものであるのか、それとも、少数者の利益を代表し、この少数者と資本主義との和解を代表するものであるのか、ということにある。〟（全二三、一二八頁）のである。だからこそ、レーニンをして〝数的な弱さだって？しかし、いったいいつから革命家は、彼らが多数をしめている事実か少数をしめている事実かに自分の政策を依存させているというのか？一九一四年十一月、わが党が日和見主義者との分裂の必然を声明し、この分裂は一九一四年八月の彼らの裏切りにたいする唯一正しい当然の回答になるだろうと言明したとき、この声明は多数の人々には、生活と現実からすっかり浮きあがっている者の、セクト的な狂気の沙汰としか思えなかった。二年たった、そして何がおこっているかを見たまえ〟(全二三、二二七頁)と言わせしめたのである。そして、レーニンのとったマルクス主義的戦術と、その政策はけっして机上のものでなく、すでに、ロシアにおいて実践的に証明され、検証されていたものであることを忘れてはならないだろう。(4)

以上の様な当時の客観的諸条件及び左派グループの闘争の前進(及びその可能性と必然性)は、レーニンの世界革命の予想に、当然ながら反映する。そして、その予想も当時の帝国主義の死滅性を歴史的に規定していることを推測させるのである。

注(4)原本一〇四頁

## 第二節　レーニンの世界革命の予想

レーニンの世界革命の予想は、ロシアのブルジョア民主主義革命勝利前には、以下の様なものであった。〝帝国主義戦争は、ロシアにおける革命的危機、ブルジョア民主主義革命を基盤とする危機と西欧におけるプロレタリア社会主義革命の危機の増大とを結びつけた。……。ロシアにおけるブルジョア民主主義革命は、いまでは、西欧の社会主義革命の序曲であるだけでなく、切りはなすことのできない構成部分なのである。〟（全二一、三九二〜三九三頁）。〝実生活はおしえる。実生活はロシアの敗北を通じてロシアの革命へ、さらにこの革命を通じて、またそれと関連して、ヨーロッパにおける内乱へとすすんでいる。〟（全二一、三九六頁）。〝ロシアのプロレタリアートの任務は、ロシアのブルジョア民主主義革命を最後まで遂行し、こうしてヨーロッパにおける社会主義革命に火をつけることである。〟（全二一、四一七頁）。これらの引用から明らかなことは、第一に、ロシアにおけるブルジョア民主主義革命が、ロシアの敗北を通じておこり、第二に、この革命を通じて、また関連して、ヨーロッパにおけるプロレタリア社会主義革命がおこるという予想である。すなわち、帝国主義戦争は、ロシアの革命とヨーロッパの革命を不可分なものにしたということである。

しかし、〝ヨーロッパには、近年のうちにほかならぬこの強盗戦争と関連して〟（全二三、二七七頁）プロレタリア社会主義革命が起こると予想しているが、その関連は、おそらくは比較的おそく、少なくてもロシアにおけるブルジョア民主主義革命の勝利以後の予想よりは、おそく予想していたと思われる。それは、第一にロシアのブルジョア民主主義革命はロシアの敗北を通じて起こるという予想であること。（この後に、ヨーロッパのプロレタリア社会主義革命は予想されているのである。）第二に、一九一六年二月八日のベルンの国際示威集会における演説で、〝これは（大衆の不満の増大、戦争に対する激昂、ストライキ、デモンストレーション、抗議の増大—筆者）ヨーロッパ戦争後に、資本主義にするプロレタリアート革命がやってくることを、われわれに保証している。〟（全二二、一四二頁）と述べていること。第三に、『一九〇五年の革命についての講演』の最後で、〝われわれ老人たちは、おそらく生きてこのきたるべき革命（プロレタリア社会主義革命—筆者）の決戦を見ることはないであろう。〟（全二三、二七七頁）と述べていること。第四に、〝ところで、帝国主義の危機は、まだけっしてその発展の最頂点に達してはいない。帝国主義的ブルジョアジーの威力は、まだくつがえされてはいない（「力が尽きはてるまでの」戦争は、そういうところまで導きうるが、現在はまだそこまで行きついてはいない）。〟（全二二、四一五頁）と述べていることから推論されるのである。

　以上のレーニンの予想は、ロシアにおけるブルジョア民主主義革命勝利後には、次の様に展開されていくのである。レーニンは『遠方からの手紙、第一信』で〝帝国主義的世界戦争が生みだした最初の革命がおこった。この最初の革命は、たしかに、最後の革命ではあるまい。〃（全二三、三二七頁）とのべ、〃最初の革命〃後の予想を、第三信において次の様に展開するのである。〃ロシアそのものでは、幾多の革命的勝利―フィンランドでは、これらの勝利に掩護されて平和的な組織上の成功、ロシアの労働者は新しい規模の革命的な組織上の任務に移行する―プロレタリアートおよび貧困、住民層における権力の獲得―西欧社会主義革命が鼓舞され発展する―これがわれわれを平和と社会主義とに導く道である〃（全二三、三二六五頁）。

ここで述べられている〃プロレタリアートおよび貧困・住民層による権力の獲得〃とは、〃革命のつぎの段階、または第二の革命〃（全二三、三七五頁）と呼ばれているものである。その階級構成は〃プロレタリアートと農民の革命的民主主義的独裁〃（全二三、三七五頁）であり、その政府の任務は〃消費の割当てにかんするものであって、生産の改造にかんするものではない。それらは、まだ「プロレタリアートの独裁」ではない〃（全二三、三六三頁）のである。

その権力がプロレタリアートの独裁に転化するのには、〃西欧社会主義革命が鼓舞され発展〃し、それを通じて、ロシアで、地主所有地の没収あるいは土地の国有化をめざして戦う農民の圧倒的多数が労働者を支持し、および、この農民革命と結びつき、又それに基づき、最も重要な物資の生産と分配を統制し、「全般的勤労義務」を実施する等々を目標とする方策をとることが必要である。そして、〝これらの方策は、その総体において、またその発展において、社会主義への過渡となるであろう〟（全二三、三七六頁）。すなわちプロレタリアートの独裁に転化するのである。（本段落は『遠方からの手紙、第五信』全二三、三七五〜三七七頁を参照）。

レーニンの予想は、ロシアでの幾多の革命的勝利に引き続き、フィンランドでの革命闘争の前進、そしてロシアでのプロレタリアートと農民の革命的民主主義的独裁の権力が樹立され、そののちに（あるいは関連しあいながら）西欧での社会主義革命が勝利するという予想であり、ロシアでのプロレタリアートの独裁、すなわちプロレタリアート社会主義革命の勝利は、その後に起こると予想されていたのである。しかも、その速度は、ロシアでのブルジョア民主主義革命が勝利する以前よりは、速いものであるという予想であったと思われる。

それは「スイス労働者への告別の手紙」で次の様に述べられていることから明らかであろう。〝特別な歴史的条件だけが、ロシアのプロレタリアートを、おそらくはきわめて短い期間、全世界の革命的プロレタリアートの先駆者にしたまでである。〟（全二三、四〇五頁）。〝帝国主義戦争の客観的諸条件は、革命がロシア革命の最初の段階に局限されず、革命がロシアだけに局限されない保証となっている。**ドイツのプロレタリアー**

**トは、ロシアおよび全世界のプロレタリア革命のもっとも忠実な、もっとも信頼できる同盟軍である。**〟（全二三、四〇七頁）、と述べ、そして最後に、〝帝国主義戦争の内乱への転化は事実となりつつある。開始しつつあるヨーロッパのプロレタリア革命万歳！〟（同上、四〇八頁）と手紙を結ぶのである。

## 第三節　まとめ

第一節、第二節の考察から、レーニンは第一次世界大戦と関連して、おそかれ、はやかれ、先進国＝「金利生活国」のひとつか、いくつかでプロレタリア社会主義革命がおこり勝利することを予想していたと思われる。[1] 確かに『帝国主義論』は、独占資本主義の経済の総過程を分析し、又その故に、独占資本主義の政治過程の特質を明らかにしたものであるから（これに関しては、次章を参照）、帝国主義段階一般を通じて普遍性を持つが、第一次世界大戦をひき起こすまでに激化し帝国主義国間の矛盾、及びその戦争が更に階級的諸矛盾を拡大、深化させざるを得なかった当時の帝国主義の死滅性を歴史的に規定したという側面を忘れてはならないであろう。レーニンによって指導された国際主義者＝左派の闘争の発展（その可能性と必然性）が、帝国主義の死滅性を規定する主体的契機として、確信されていたのである。そして事実、プロレタリアート社会主義革命の序列の予想に、誤差が生じたものの、一九一七年ロシア社会主義革命が勝利し、レーニンをして〝帝国主義はプロレタリアートの社会革命の前夜である。このことは一九一七年以来、世界的な規模で確証された〟（文庫、一七頁）と言わせしめたのである。

死滅しつつある資本主義であるという帝国主義第三規定の歴史的性格を把握することは、次の結論を導くのである。すなわち、帝国主義が危機を回避して、その命を比較的に長期化しても、その為には同様な寄生的な腐朽的な機構をもってしか延命させることはできないが故に、更に階級的諸矛盾を激化させ、部分的にせよ帝国主義は、その「弱い環」から死滅していくという結論である。この結論は当然にも次のことを意味するのである。その命を比較的に長らえている現代帝国主義は、どの様な寄生的な腐朽的な機構を持って自らを支えているのかということであり[2]、それは、国家独占資本主義分析の為の重要な視角を示唆するのである。

現代帝国主義論＝国家独占資本主義論は、『帝国主義論』の基本論理の発展の中で把握することが可能であり、必然であるということである。

従来、独占資本主義＝第一規定をめぐっての議論はかなりなされているが、筆者の研究は、第三規定及び第三規定、定式のための媒介となっている第二規定の把握に、その力点がおかれることになる。

注（1）（2）原本一〇九頁

# 第二章　独占資本主義

## 第一節　政治における独占主義

レーニンが、「マルクス主義の戯画と『帝国主義的経済主義』とについて」の中で、〃経済的独占に、すべての問題がある。〃（全二三、三八頁）と述べたあとで、〃民主主義から政治的反動への転換が、新しい経済のうえに独占資本主義（帝国主義は独占資本主義である）のうえに立つ政治的上部構造である。自由主義には民主主義が照応する。独占には政治的反動が照応する〃（同）こと、〃帝国主義は、政治的独立を侵害しようと努力〃（全二三、四〇頁）し、〃民主主義一般を寡頭制におきかえようと努力する〃（同）ことを指摘しているが、これは明らかに、すべての問題の根源である経済的独占と政治的上部構造、国家との間に、必然的な論理関係が存在することを意味していると思われる。

それでは、レーニンの『帝国主義論』において〃経済的独占〃と政治的上部構造、国家との関係をどの様に把握し、又、相対的独自性を持つ国家の経済過程に対する反作用の論理をどのように把握しているのであろうか。第三章「金融資本と金融寡頭制」において、〝独占はひとたび形成されて幾十億の金を自由にするようになると、絶対的な不可避性をもって、政治機構やその他のどんな「特殊性」にもかかわりなく、社会生活のすべての側面に浸みこんでいく〟（文庫、七五〜七六頁）と述べられているところからも明らかな様に、いわば国内体制（第三章は、この論理次元と考える）としての金融寡頭制が、国家機構の中に浸みこんでいくことにより、国家機関を独占し、国家権力を金融資本に従属させ、経済的のみならず、政治的にも自らを支配的な体制とするのである。

しかし、政治的現象である〝いわゆる金権政治〟という帝国主義的政治の性格づけを与えるのには、その前提として誰が国家権力を掌握しているのか、というより本質的（すなわち階級的）な問題を問わなければならないであろう。

筆者は、独占が必然的に〝……政治機構や……、社会生活のすべての側面に浸みこんでいく〟という論理を、積極的に帝国主義政治の本質を規定するものとして、すなわち国家権力をあれこれの資本一般ではなく、金融資本が独占し、従属させるという内容で把握すべきと考えるのである。金融資本が国家権力を独占し、従属させているが故に、〝いわゆる金権政治〟が〝けっして偶然でない〟（文庫、七六頁）、必然的な政治的現象であったのであり、金権政治を暴露しているブルジョア著述家も〝金権政治の支配が形成されたところでは、「もっとも広範な政治的自由でさえ、われわれが非自由人の国民となることからわれわれをすくうことはできない」とか、告白せざるをえなかったのである。〟（文庫、七七頁）。

〝資本主義的独占体は国民経済と政治で首位を占めるにいたった〟（文庫、一四一頁、傍点筆者）及び〝現代ブルジョア社会の、例外なくすべての経済機関と政治機関のうえに、従属関係の細かい網の目を張りめぐらしている金融寡頭制〟（文庫、一六一頁、傍点筆者）という引用文（後者の引用文においては経済的支配と政治的支配を同じ比重で述べていることに留意する必要があるだろう。）は、筆者の把握を裏づけるものと考える。

金融資本によって独占された国家権力は、経済過程と密接に関連しあいながらも、それ自身の相対的に独自的な論理を展開するのである。第五章「資本化団体のあいだでの世界の分割」の最後の一節で、〝最新の資本主義の時代はわれわれにつぎのことを示している。すなわち、資本化団体のあいだに世界の経済的分割を基礎として一定の関係が形成されつつあり、そしてこれとならんで、これと関連して、政治的団体のあいだに、諸国家のあいだに、世界の領土的分割を基礎として、植民地のための闘争、「経済的領土のための闘争」を基礎として、一定の関係が形成されつつある、ということである〟（文庫、九八〜九九頁）と述べられているが、帝国主義諸国家による領土的分割は、〝資本家団体のあいだ〟の経済的分割を基礎としつつも、〝これとならんで、これと関連して〝相対的独自的に展開されることを意味していると思われる。そして事実、資本家団体のあいだでの世界の分割（資本家団体のあいだでの世界的協定）がはじまった時期は、一九〇〇年恐慌後、一九〇三年から一九〇九年の間（『帝国主義論』では）であるし、そのテコとなった資本輸出が顕著になった時期は、一九一四年であるのに対し、領土的分割が完了したのは、一九〇〇年である。（これについては、本章第二節を参照）。

金融資本は国家権力までをも独占することにより、自ら政治経済的に支配的な体制（金融寡頭制）とし、その〝政治における独占主義〟は、それ自身の相対的に独自的な論理を展開するのである。「領土的分割の完了」という独占資本主義規定の第五標識は、〝政治における独占主義〟の相対的に独自的な論理を媒介として、はじめて定式されるのである。

金融資本は国内において政治経済的に支配的な体制となり、その〝政治における独占主義〟は、相対的に独自的な論理を展開することが明らかにされた。それに引き続き、金融資本の支配は必然的に世界的な体制にまで発展することが明らかにされる。(2) すなわち〝独占体はすべての原料資源を一手ににぎっている時にもっとも強固である〟こと（文庫、一〇七頁）、〝資本主義が高度に発展すればするほど、原料の不足が強く感じられれば感じられるほど、また全世界における競争と原料資源の追求が激化すればするほど、植民地獲得のための闘争はそれだけ死にものぐるいになる〃こと（同、一〇七～一〇八頁）、金融資本は〝一般に、ありうるべき原料を計算に入れ、まだ分割されていない世界の土地の最後の一片のために、あるいはすでに分割されている土地の再分割のための、気違いじみた闘争でおくれをとることをおそれて、どんな土地であろうと、できるだけ多くの土地を略奪しようと努力する。〃（同、一〇九頁）こと、〝資本輸出の利益も同様に、植民地の征服におしやる〃（同、一一〇頁）ことが明らかにされ、〝金融資本の基礎上に成長する経済外的な上部構造、すなわち金融資本の政策やイデオロギーは、植民地征服の熱望を強める。「金融資本は、自由ではなく支配を欲する」〃（同、一一〇頁）と総括する。

ここにおいて、金融資本による国家権力の独占を通じて、政治経済的に支配的になった国内体制としての金融寡頭制は、必然的に自らの支配体制を国際的な体制にまで発展させるのである。だからこそ、その後に、政治経済的、国際的な体制となった金融寡頭制の分析にあたっては、〝国家的従属の幾多の過渡的形態をつくりだすということを注意しなければならない〃（文庫、一一一頁）と指摘し、注意を喚起したのである。

『帝国主義論』第一章から第六章までは、帝国主義の経済的特質の分析であると言われるが、金融資本の支配体制（金融寡頭制）は政治経済的及び国際的な体制として分析されているのである。確かに、五つの基本的標識は純経済的標識ではあるが、『帝国主義論』第一章から第六章までは、帝国主義の政治過程の特質をも明らかにしたものであると言わねばならない。〝生産の集積からはじまり、金融寡頭制、資本の輸出をへて、植民地の分割闘争まで展開される帝国主義の理論は、帝国主義の経済過程の総体をあらわしたものであるから、それはまた、帝国主義の政治過程の特質や国家独占資本主義の本質をも明らかにしているといわねばならない。〟（五〇周年記念「経済」、五〇頁）。

独占資本主義という帝国主義の第一規定は、金融資本の〝経済における独占主義〟（全二三、一一四頁）及び〝政治における独占主義〟の両概念を包括したものとして筆者は把握するのである。

注（2）原本一一五頁

## 第二節　五つの基本的標識の論理的発展と歴史的発展

まとめると、第一に生産の集積が前進して独占体が成立し、全経済生活の基礎のひとつに転化したのは、十九世紀の活況と一九〇〇年の恐慌であること。第二に銀行は第一と同時期に、その「新しい役割」が確立し、その後の十年間にさらにいちじるしく増加する。そして、これは金融資本の成立、発展であること。第三に、レーニンが、〝これこそ、世界の民族と国との大多数に対する帝国主義的抑圧および搾取の、またひとにぎりの富裕な国家の資本主義的寄生性の、堅固な基礎である！〟と強調した時期は一九一四年であり、一九一〇～一九一四年のフランスの急増と同時に、全体の資本輸出総額が増大していること。第四に、資本家団体にあいだの世界の分割（協定）は、一九〇三年～一九〇九年に結ばれたこと。第五に、列強の間での領土的分割の完了は一九〇〇年であること。以上の様になる。

　このことから、次の結論が得られる。第一に、五標識の論理的発展は客観的現実のなかで、歴史的形成過程にそっておこなわれてはいない、ということである。第二に、領土的分割完了にいたるまでの過程とその完了期は、独占体の成立及び銀行の「新しい役割」の確立とそれにともなう金融資本の確立と時期的な関連があり、歴史的発展に照応しているが、[1]金融資本の発展（一九〇〇年～一九一〇年）、資本輸出、資本家団体のあいだでの世界の分割とは直接関連していないということである。資本輸出及び資本家団体の間での経済的分割は、一九〇〇年以前にもあったが（資本輸出は第十一表から明らかである。経済的分割は一八八四年～一八八六年の国際軌条カルテルがある。しかしこれは崩壊する。）それらが顕著となり、基本的標識として確定される歴史的時期は、一九〇〇年以後のことである。

『帝国主義論』の理論的展開と帝国主義の歴史的形成過程との関連については、第一、第二、第三、第四標識は、それら全体としては、資本主義の帝国主義への歴史的発展過程に対応しているが、第五標識は、第一、第二標識と結びついているものの、第三、第四標識との関連では、相対的独自的に定式されているのである。五つの基本的標識の全体としての理論的展開と歴史的展開の関連は、以上の様に把握されるべきである。

注（1）原本一一九〜一二〇頁

# 第三章　寄生的な腐朽しつつある資本主義

## 第一節　政治経済的及び国際的体制としての寄生性、腐朽性

レーニンは、『帝国主義論』において、経済的寄生性、腐朽性について述べたあとで、〝金利生活国は、寄生的な腐朽化しつつある資本主義の国家であり、そしてこの事情は、一般的にはそれらの国々のあらゆる社会政治的諸条件のうえに、特殊的には労働運動における二つの主要な潮流のうえに反映しないではおかない。〟(文庫、一三二頁)と論理を展開し、〝八章の中心問題〟である〝労働運動における二つの主要な潮流〟への反映について、ホブソンを引用し、論を進めていく。しかし、ここで注意しなければならないことは、レーニンは〝一般的に〟〝金利生活国〟のあらゆる社会政治的諸条件への反映も、重要な政治的社会階級的寄生性の内容として把握していることである。労働運動への寄生＝日和見主義の培養という点のみをもって政治的社会階級的寄生性の概念内容としたのではなく、まさにその寄生性は〝特殊的〟に把握されていたのである。

それでは、一般的な金利生活国のあらゆる社会政治的諸条件への反映とは何であろうか。このところに照応すると思われる箇所を『分裂』に見出すことができる。すなわち、〝……。重要なことは、労働貴族の層のブルジョアジー側への経済的離脱が成熟し完了したということであって、この経済的事実が、諸階級の相互関係におけるこの移動が、ある政治的な形をとるようになるのは、たいして「困難」ではないであろう。

このような経済的基礎のうえにいんぎんで、温順で、改良主義で愛国主義的な職員や労働者のための経済的特権や施し物に対応する政治的特権や施し物を、最新の資本主義の政治的諸施設──新聞、議会、組合、会議、等々──がつくりだされる。内閣または戦時工業委員会、議会や各種の委員会、「堅実な」合法新聞の編集局や、それにおとらず堅実で「ブルジョア的に従順な」労働者団体の指導部の収入の多い安楽な地位──こういうものが、帝国主義的ブルジョアジーが「ブルジョア的労働者党」の代表者や支持者を誘惑したり、報償したりする手段である。〟又〝政治的民主主義の機構も、これと同じ方向に作用している〟（全二三、一二五頁）というのがそれである。

これは、国内の社会的諸施設、政治的諸機構、民主主義的諸機構を日和見主義者に与える、経済的特権や施し物に照応する政治的特権や施し物にしていかなければ、帝国主義の社会的支柱(2)としての役割を、日和見主義者は演ずることはできないし、金融寡頭制の支配は維持できないということである。そして、〝ある政治的な形をとることになるの〟が〝たいして「困難」でない〟のは、第二章で明らかにされた様に金融資本が国家権力を独占し、それを従属させているからである。

国家権力の独占から必然的に生起する寄生的な性格は国内の諸施設、諸機構への寄生にとどまることなく、論理必然的に国際的な広がりを持ったものになる。

第二章（本研究）で明らかにされた様に、政治的経済的及び国際的な支配体制まで成長した金融寡頭制は、帝国主義の政治的特性を規定するのである。『帝国主義論』第九章において、〝帝国主義の政治的特性は、金融寡頭制の圧力および自由競争の排除に関連する、あらゆる面での反動と民族的抑圧の強さである〟（文庫、一四四頁）こと、カウツキーの政治的批判のなかで、〝帝国主義は金融資本と独占体の時代であるが、これらのものはいたるところに、自由への志向ではなく支配への志向をもちこむ。政治制度のいかんにかかわりなく見られるすべての方面での反動、この分野での諸矛盾の極端な激化――これが以上の傾向の結果である。民族的抑圧と、併合への志向、すなわち民族的独立を破壊しようとする志向（なぜなら、併合は民族自決の破壊にほかならないから）もまた、とくに激化する〟（文庫、一五七頁）と、明確に規定するのである。

レーニンは、この帝国主義の政治的特性＝反動、民族抑圧、併合[3]を、帝国主義の政治的社会階級的寄生性の一側面として把握していたことは、他の論文において以下の様に述べられていることから、明らかなことだと思われる。〝この抑圧（国内外の他民族抑圧―筆者）は、資本主義の没落を人為的におくらせ、世界を支配している帝国主義的諸民族の日和見主義と社会排外主義を人為的に支持する源泉の一つである〟（全二二、三九九頁）。すなわち、民族抑圧という帝国主義の政治的特性は、それ自体〝資本主義の没落を人為的におくらせ〟るものとして把握されていたのである。又、民族抑圧の一形態である、併合も同様に把握されていると思われる。

レーニンは、両方の側からの反動的な帝国主義戦争であると規定した第一次世界大戦の性格のひとつとして、次の様に述べる。〝現在の戦争は、資本主義の崩壊をおくらせることができるような特権と独占をめざす資本家たちの戦争である。〟（全、二一、三五五頁）と、すなわち、大衆の犠牲を持って、帝国主義の延命のために、特権と独占とをめざす戦争を、もっとも寄生的な腐朽的な政治として把握していたのである。

以上のことから、帝国主義の政治的社会階級的な寄生性の内容を、〝特殊的〟な労働運動における寄生＝日和見主義的潮流の培養という側面のみならず、世界体制としての金融資本が、国家権力の独占を通じて、必然的にその政治的特性を、反動、民族抑圧、併合とする側面、また国内の社会的諸施設、政治的諸機構、民主主義的諸機構を日和見主義培養の手段として、経済的特権や施し物に照応する政治的特権や施し物にするという側面もふくめられなければならないと考える。そして、これらの寄生性腐朽性は国家権力を媒介として密接に関連しあっているのである。

独占資本主義は〃政治における独占主義〃と〃経済における独占主義〃であり、その必然的なものとしての帝国主義の寄生性、腐朽性もまた、経済的及び政治的社会階級的なものとして、かつ国際的な広がりを有したものとして、すなわち全体制的に把握されるべきと考える。

注(1)(2)(3)原本一二七頁

## 第二節 『分裂』の論理との比較

『帝国主義と社会主義の分裂』ではまず、〃一八四八年から一八六八年にかけて、またいくぶんはそのあとでも、独占的地位をもっていたのはイギリス一国であった。だからこそイギリスは、数十年にわたって日和見主義が勝利することができたのである。きわめて豊かな植民地をもつ国も、工業上の独占をもつ国も、ほかにはなかった。〟（全二三、一二三頁）という当時のイギリスの独占的地位の客観的条件から、数十年にわたる日和見主義の勝利が結論づけられ、強調されている。そして、引続き〝十九世紀の最後の三分の一は、新しい帝国主義への過渡期であった。いまでは、一国だけでなく、きわめて少数ではあるが、いくつかの大国の金融資本が独占的地位を占めている。（……。）この相違からして、イギリスの独占が数十年のあいだ挑戦を受けなかったというようなことが、おこりえたのである。現代の金融資本の独占は激しい挑戦を受けており、帝国主義戦争の時代がはじまっている。以前には、一つの国の労働者階級を数十年のあいだ買収し堕落させることが可能であった。いまでは、そういうことはありそうもなく、おそらく不可能でさえある。しかし、そのかわりに、おのおのの帝国主義的「大」国は、より小さな層ではあるが（一八四八～一八六八年のイギリスにくらべて）、「労働貴族」の層を買収できるし、また現に買収している。〟（全二三、一二三～一二四頁）。それは、第一に日和見主義的潮流培養のための経済的基礎が、イギリスの独占的地位とはちがった、帝国主義国間の不断の激しい闘争の中でしか、獲得できないという客観的条件から、きわめて不安定であるということ。第二に、より小さな層しか買収できないということ、それ故に、日和見主義的潮流は、数十年の長きにわたって勝利することはできないと論理が組みたてられているのである。第一義的には、当時のイギリスが独占的地位にあった時代とは、根本的に変化した客観的条件から説明されているのである。

この直後に、〝トラスト、金融寡頭制、物価騰貴、等々は、ひとにぎりの上層分子の買収を可能にしながらも、プロレタリアートと半プロレタリアートの大衆をますますはげしくおしつけ、抑圧し、ほろぼし、くるしめているから〟(全二三、一二四頁)〝以前よりもいっそうはげしく抑圧され、帝国主義戦争のあらゆる苦難を受けている大衆が、このくびきをふりおとし、ブルジョアジーを打倒しようとする傾向がある。〟(同)という革命的潮流の昂揚を主体的要因としてあげているが、その論理は、政治的矛盾及び経済的矛盾が階級的矛盾の激化を必然的なものにし、更に帝国主義戦争がこの矛盾を激化させるという理論をふまえ、しかるのちに革命的潮流の昂揚が必然化されているのである。

第八章の最後の一節の〝日和見主義は、もはや今日では、十九世紀の後半に、イギリスで勝利を得たような数十年の長きにわたって、ある一国の労働運動で完全な勝利者となることはできない。それは幾多の国で最後的に成熟し、爛熟し、腐朽してしまい、社会排外主義としてブルジョア政治と完全に融合してしまったのである。〟(文庫、一四一頁)という指摘の意味は、第一義的には前節との直接的な関連から、(『分裂』でもそうであるように)、すなわち当時の帝国主義のおかれた客観的条件から、日和見主義が数十年の長きにわたって勝利することができず、危機の時代には、日和見主義者は必然的に社会排外主義に陥らざるを得ないということである。

〃今日の状態の特徴は、日和見主義と労働運動の一般的で根本的な利益との非和解性を強めずにはおかないような、経済的および政治的諸条件にある。〃という指摘は、客観的条件そのものの事実を指摘し、及びイギリスが独占的地位をしめていた、当時の労働運動とはくらべものにならないくらい成長した、革命主体（勢力）の存在そのものを示唆したのであり、『分裂』の様にけっして論理的に導き出されてきたわけでもないのである。したがって、その限りで抽象的にのべられているのである。

## 第三節　第一規定と資本主義の基本的矛盾の関連

『帝国主義論』第一章において、資本主義の基本的矛盾は次の様に述べられている。〃生産は社会的となるが、取得は依然として私的である。社会的生産手段は依然として少数の人々の私的所有である。形式的にみとめられている自由競争の一般的なわくは、依然として残っている。そして、少数の独占者たちの残りの住民にたいする抑圧は、いままでの百倍も重く、身にこたえ、耐えがたいものとなる〃（文庫、三三頁）。筆者は、この資本主義の基本的矛盾の第一章における理論的位置を次の様に考える。第一には、〝資本主義はその帝国主義段階で、生産のもっとも全面的な社会化にぴったり接近する〃（文庫、三三頁）という結論をふまえ、しかし〝取得は依然として私的である〃（同）が故に、〝万能の経済的独占体の形成〃（文庫、三六頁）は不可避的に〝支配関係およびそれと関連する強制関係〃（同）を生みださざるを得ないという論理を展開するための、論理的媒介として位置づけである。第二には、〝支配関係およびそれと関連する強制関係〃の後に分析されている、独占と恐慌の関係のための論理的前提としての位置づけである。すなわち、資本主義の基本的矛盾の具体的なものとして、独占と恐慌の分析がなされているという把握である。したがって、筆者は資本主義の基本的矛盾を、そのものの積極的な位置づけというよりは、むしろ論理的媒介及び論理的前提としての、いわば消極的な位置づけであると把握すると同時に、それと関連しながら第一章の論理次元での規定であり、それ故に最も抽象的な論理次元において与えられたものと把握するのである。

帝国主義は独占資本主義であるという第一規定は、究極的論理として帝国主義間の矛盾の激化＝帝国主義戦争を不可避的なものとするが、独占資本主義分析過程の最も抽象的な論理次元において規定された、資本主義の基本的矛盾の激化をも不可避的なものにする。が、しかし『帝国主義論』第一章から第六章までは、おもに生産の社会化という側面、独占資本主義それ自体としての分析と内容であり、確かに第一章において基本的矛盾について述べられ、第一章及び第二章以下においても、生産の社会化と私的所有の矛盾の具体的な叙述はなされているが、けっして、それ故必然的な経済的及び政治的矛盾として総括され、定式されてはいないのである。階級的諸矛盾の激化は、政治的及び経済的諸矛盾が総体において激化するという論理をふまえて、把握されるのである。したがって第一章で与えられた資本主義の基本的矛盾の激化は、たとえ帝国主義国間の矛盾の激化＝帝国主義戦争を通じたとしても、たとえそれを論理的な媒介としても、直接金融資本とプロレタリアートとの矛盾の激化という論理は導かれないと考える。資本主義の基本的矛盾の激化と、金融資本とプロレタリアートとの矛盾の激化というのは明らかに論理次元に差異があり、帝国主義国間の矛盾の激化＝帝国主義戦争は、その差異をうめるものではないのである。

独占資本主義規定の必然的な発展として与えられる第二規定は、経済的政治的社会階級的寄生性としてしかも国際的な体制として、すなわち全体制的なものとして把握されなければならず、第八章の論理段階では、帝国主義の延命としての要因であり、その分析と内容であると把握すべきである。

# 第四章　死滅しつつある資本主義

## 第一節　『帝国主義論』第十章の論理

### はじめに

筆者は、もし第十章が〝実際には既に八章で明らかにされた第二の規定の内容と結論をふまえてのことであった〟ならば、再述をする必要などまったくなく、直接〝帝国主義は過渡的な、あるいはもっと正確にいえば、死滅しつつある資本主義として特徴づけられなければならないという結論〟（文庫、一六四頁）を、〝より一般的な命題だけから〟規定すれば良いと思われるのである。

### （一）第一段の理解

〝独占資本主義が資本主義のあらゆる矛盾をどれほどまでに尖鋭にしたかは、周知のところである。(2)ここでは、物価の高騰とカルテルの圧迫とを指摘すれば十分である。矛盾のこの尖鋭化こそ、世界金融資本の終局的な勝利のときからはじまった歴史的過渡期のもっとも強力な推進力である〃（文庫、一六二頁）というところの理解である。このところを理解するにあったて『分裂』の以下の引用を想起すべきである。〃トラスト、金融寡頭制、物価騰貴、等々は、……プロレタリアートと半プロレタリアートの大衆をますますはげしくおしつけ、抑圧し、ほろぼし、くるしめている……〃（全二三、一二四頁、傍点筆者）、及びこれと直接的な関連で述べられている、〃以前よりも、いっそうはげしく抑圧され、帝国主義戦争のあらゆる苦難を受けている大衆が、このくびきをふりおとし、ブルジョアジーを打倒しようとする傾向がある〃（全二三、一二四頁）。又、レーニンが『第二インターナショナルの崩壊』で、〃弁証法はあたえられた社会現象を、その発展において全面的に研究し、外的なもの、外見的なものを根源的な推進力にすなわち生産力の発展と階級闘争に帰着させることを要求する。〃（全二一、二一四頁、傍点筆者）と述べていることを考え合わせてみるならば、明らかにレーニンは、第一段最後の一節を〃資本主義のあらゆる矛盾〃を、すなわち第一規定及び第二規定から必然的に生起せざるを得ない、〃けっして経済的ばかりでなく、政治的、民族的、その他等々の〃（全二二、二一七頁）諸矛盾を、階級的諸矛盾として総括し、その矛盾の激化の故に、革命的諸潮流の昂揚が必然化されるということ、そしてその階級闘争の激化を〃歴史的過渡期のもっとも強力な推進力である〃と述べたのだと思われる。

レーニンは、〝ここでとくにいま考察している時代にとって特徴的な独占の、あるいは独占資本主義の主要な現われの、四つの主要な種類を指摘〟（文庫、一六〇頁）するわけであるが、その四つの指摘は、『崩壊』の先の引用で〝生産力と階級闘争〟を〝根源的な推進力〟と述べていること、又第一段最後の一節を以上の様に理解するならば、第一章から第六章の中で明らかにされた五つの基本的標識の再述すなわち、独占資本主義が生産のあらゆる社会化を極度に発展させたということ（第一規定）と同時に、第一規定及び第二規定から必然的に生起せざるを得ない、政治的、経済的、民族的、その他等々の諸矛盾を、階級的諸矛盾と総括していることを、重複的に述べたのだと思われる。

そして前者よりは後者を第十章での中心的な問題＝積極的な論理としたのであり、その故に、一般的な社会発展の〝根源的な推進力〟である〝生産力の発展と階級闘争〟という内容での総括よりは、社会主義のための客観的条件の成熟を前提にし、まさに〝歴史的過渡期のもっとも強力な推進力である〟（傍点筆者）ところの〝階級闘争〟（傍点筆者）の激化をもって、この段を総括したのだと把握するのである。〝独占の、あるいは独占資本主義の主要な現われの、四つの主要な種類を指摘〟するとしながらも、その総括を諸矛盾の激化として総括したのは、その故であろう。

しかし、〝四つの主要な種類〟の〝指摘〟と第一段最後の一節（総括）の文章を以上の様に理解したとしても、もう一つの問題が残されている。それは、第十章冒頭の文章、すなわち〝すでに見た様に、その経済的本質からすれば、帝国主義は独占資本主義である。すでにこのことによって、帝国主義の歴史的地位が規定されている。なぜなら、自由競争の基盤のうえに、ほかならぬその自由競争から成長する独占は、資本主義制度からもっと高度の社会経済制度への過渡だからである〟（文庫、一五九～一六〇頁）という、この文章の理解である。

　筆者は次の様に理解する。第十章は、すでに帝国主義の第一規定及び第二規定は与えられた段階であるから、レーニンは〝経済的本質からすれば、帝国主義は独占資本主義である。すでにこのことによって、帝国主義の歴史的地位が規定されている〟と論理を展開した際に、第一規定及び第二規定から論理必然的な、この直後に述べられる社会の〝根源的な推進力〟＝〝生産力の発展と階級闘争〟の激化を、論理前提した、ということである。すなわち、〝経済的独占に、すべての問題がある〟（全二三、三八頁、傍点筆者）と述べている様に、〝すでにこのことによって〟と論理を展開する際に、独占は生産の社会化を極度に発展させはするが及び自らの延命のための寄生的な腐朽的な機構をつくりだしはするが、それと同時に階級的矛盾を激化させざるを得ないという、〝すべての問題〟を内包した独占資本主義という意味で述べられていると把握する。したがって、第一規定から直接帝国主義の歴史的地位が規定されているのではないのである。

以上が、さしあたっての第十章第一段の筆者の把握である。しかし、ここで第一章で与えられた資本主義の基本的矛盾及び第七章の積極的論理である帝国主義戦争との関連を明らかにしなければならない。これが述べられることによって、筆者の第十章第一段把握のすべてが明示されることになる。

すでに、第一規定及び第二規定から必然的に生起せざるを得ない〝けっして経済的ばかりでなく、政治的、民族的、その他等々の〟矛盾の激化が、階級的諸矛盾の激化として総括されているということについては述べてある。この階級的諸矛盾の激化という論理は、第一に、第一章で与えられた資本主義の基本的矛盾の激化という論理を基礎としているということである。すなわち、資本主義の基本的矛盾の激化を論理的基礎とし、かつ第一規定及び第二規定から必然的に生起せざるを得ない諸矛盾の激化を論理的媒介として、はじめて階級的諸矛盾の激化が必然化されるのである。第二に、第七章の究極の論理として与えられた帝国主義戦争が、この階級的諸矛盾を更に激化させるのである。したがって、第十章第一段の最後の一節（総括の文章）は、帝国主義戦争が更に階級的諸矛盾を激化させるという論理を内包しているものと把握すべきである。

以上が、第十章第一段の筆者の把握である。

（二）第二段の理解（文庫、一六一頁後から六行目〜一六四頁前から二行目まで）

第二段も、八章の再述とは把握されない。第二段の論理段階では、すでに資本主義の基本的矛盾の激化を論理的基礎とし、第一規定及び第二規定から必然的に生起せざるを得ない諸矛盾の激化を論理的媒介として、〝歴史的過渡期のもっとも強力な推進力である〟階級闘争の激化の必然性が述べられ、前提された段階である。

第二段の積極的な論理は、帝国主義の不断の闘争の激化という客観的情勢の故に〝日和見主義は、もはや今日では、十九世紀の後半にイギリスで勝利を得たように、数十年の長きにわたって、ある一国の労働運動で完全な勝利者となることはでき〟（文庫、一四一頁）ず、又、帝国主義戦争という危機の時代には、金融資本は日和見主義を強化しようと努めるが故に、日和見主義は〝幾多の国で最後的に成熟し、爛熟し、腐朽してしまい、社会排外主義としてブルジョア政治と完全に融合してしまったのである〟（同）という第八章の結論、及び具体化として与えられた、第九章のカウツキー批判、〝カウツキーは、帝国主義が政治的反動を強めることに反対しながら、帝国主義の時代には日和見主義者との統一は不可能であるという、とくに緊要になった問題をぼかしている〟、〝ヨーロッパの労働運動で日和見主義との崩壊しつつある統一をなにがなんでもまもろうとする志向が、骨の髄までしみこんでいる〟(8)(文庫、一五八～一五九頁)を直接受け、その理論的基礎のうえに階級闘争が激化せざるを得ない情勢(すなわち、第十章第一段を論理的媒介とする)の中で、もし日和見主義を克服するならば、社会主義のための闘争が勝利するという展望を与えたことである。

ここで、はじめて〝帝国主義との闘争は〟〝日和見主義に対する闘争と不可分に結合され〟(文庫、一六四頁)なければならないという(単に〝帝国主義の時代には、日和見主義との統一は不可能である〟という点にとどまらず)、日和見主義との積極的な闘争というマルクス主義的戦術を確定するのである。ここに、第十章第二段の積極的な論理があるのである。

## (三) 第三段の理解(文庫、一六四頁前から三行目以下)

すでにここの論理段階は、第一規定及び第二規定が明らかにされ、そこから必然的に生起せざるを得ない階級的諸矛盾の激化が、すなわち〝歴史的過渡期のもっとも強力な推進力である〟この諸矛盾の激化が明らかにされ、それに対するマルクス主義的戦術を確定しえた段階である。帝国主義の死滅規定は、この論理段階ではじめて規定されたのである。ここの論理段階は、すべての問題を規定したのが、独占資本主義ではあるが、

〝帝国主義の経済的本質について以上に述べたすべてのこと〟（傍点筆者）を、ここまでの論理段階（第十章第二段まで）すべてを内包しているものと、筆者は把握するのである。以上が、筆者の『帝国主義論』第十章の把握である。

注（2）原本一四六頁　注（8）原本一四七〜一四八頁

## 第二節　帝国主義の死滅を規定する主体的契機としての民族解放勢力

ここでは、他の文献に基づいて、レーニンが、社会革命主体としての民族解放勢力について、どの様に把握していたかを明らかにし、そのことにより、逆に、『帝国主義論』での民族解放勢力の位置づけを明確にしていきたい。

レーニンは、常に戦争の本質を把握（分析）する際、次の視点（階級的見地）を強調した。〝戦争は別の（すなわち暴力的な）手段による政治の継続であ〟（全二一、三一〇頁、二一五頁、全二三、二七頁等）り、〝それぞれの戦争を、その時代の当該の関係強国――およびそれらの国のいろいろな階級――の政治の継続とみ〟（全二一、二一五頁）るという視点である。そして、日和見主義が第一次世界大戦を、〝民族的に解放されつつあった、上向線をたどる資本の封建制度に対する闘争〟（全二一、一四一頁）とすりかえることにより、祖国擁護のスローガンを提起したのに対し、レーニンは、〝ブルジョアジーは興隆しつつある先進的階級から転落しつつある、衰退的な、内面的には死んだ、反動的な階級になった〟（全二一、一四一～一四二頁）のであり、〝現在の戦争は、……交戦諸列強の両グループのどちらについてみても、（この）奴隷制を維持し、強化するための、植民地の再分割のための、他民族を抑圧する「権利」のための、大国の資本の特権と独占のための、さまざまな国の労働者を分裂させ彼らを反動的に弾圧することによって、賃金奴隷制を永久化するための、奴隷所有者たちの戦争である〟（全二一、三五五～三五六頁、その他全二一、一二三頁参照）から、唯一正しいマルクス主義的戦術は、この戦争＝帝国主義戦争を内乱に転化することであると強調した。

　しかし、〝現在の戦争を帝国主義戦争として特徴づけること〟によって〝民族戦争一般を否定する〟こと、〝「もはや民族戦争はあり得ない」という命題を擁護する〟ことや、〝現在の戦争を民族戦争だとするまちがった考えのために、いろいろな社会民主主義者のあいだに、あらゆる民族戦争を否定するまちがったやり方〟（全二二、三五七頁、先の引用文も同）があることを指摘し、これに対し、具体的に民族的蜂起の例をあげながら（全

二二、四一四～四一五頁）、民族運動が過去のものとなった西ヨーロッパとアメリカの先進諸国、民族運動が現在のものである東ヨーロッパすなわちオーストリア、バルカン諸国およびとくにロシア、民族運動がいちじるしく未来のものである中国、ペルシャ、トルコのような半植民地諸国とすべての植民地を指摘することによって、あらゆる民族戦争一般を否定する見解を批判したのである。（全二二、三五九～三六一頁及び全二三、三三一～三五頁を参照）。そして、〝帝国主義強国にたいする民族戦争は、ありうることであり、ありそうなことであるばかりではない。それは、不可避的であり、進歩的、革命的である〟（全二三、三六一～三六二頁）と結論づけ、その場合の祖国擁護というスローガンは、まったく正当なものであることを強調したのである（全二三、二一四頁、その他）。

したがって、レーニンは、〝社会民主党の綱領は、抑圧民族と被抑圧民族への諸民族の分裂を、帝国主義のもとでの基本的な、不可避的なものとして提出しなければならない〟（全二二、一七〇頁）し、〝社会主義のための革命的闘争を、民族問題における革命的綱領と結合しなければならない〟（全二一、四二一頁）と主張したのであり、〝われわれは、抑圧民族の社会主義者で、こういう宣伝（被抑圧国の分離の自由―筆者）をおこなわないものを、すべて帝国主義者として、ろくでなしとして、とりあつかう権利があり、義務がある〟（全二二、四〇五頁）として、国際主義者と排外主義者との区別の試金石ともしたのである。

レーニンが、民族自決について、抑圧国の社会主義者がとる態度のみならず、被抑圧国の社会主義者がとる態度も、しばしば明らかにしていたということは留意する必要があろう。それは、以下のように述べられている。〝被抑圧民族の社会主義者のほうでは無条件に被抑圧民族と抑圧民族の労働者の完全な統一（組織上の統一をふくめて）のためにたたかわなければならない〟（全二一、三二四頁、四二二頁、全二二、一七一頁、四〇五〜四〇六頁を参照）と。

以上が、当時、レーニンが民族問題に関して述べた基本的な内容である。このことから、当然にも社会革命勢力の主体的構成は、次の様に結論づけられるのである。帝国主義の時代には、〝第一に、革命的な民族的蜂起と民族戦争の、第二に、ブルジョアジーにたいするプロレタリアートの戦争と蜂起の、第三に、両種の革命戦争の結合等の可能性と不可避性を、生みださざるを得ないのである〟（全二三、八三頁）と。及び〝社会革命は、先進国におけるブルジョアジーにたいするプロレタリアートの内乱と、未発展の後進的な被抑圧民族における民族解放運動をもふくめた、一つづきの民主主義的なおよび革命的な運動とを結合した時代としてしかおこりえない〟（全二三、五九頁）と。

レーニンは、『帝国主義論』において十九世紀末、二十世紀初頭の資本主義を全世界的に（その総体において）分析し、世界支配体制としての金融資本を、政治経済的に明らかにしたのである。そのことの故に、マルクス主義的なプロレタリア党の戦術をひきだすことができたのであり、その戦術は、民族解放勢力の社会主義者のそれ（〝「分離の自由」と同時に「結合の自由」〟（全二二、四〇六頁）、社会排外主義者の「祖国擁護」と民族解放勢力の「祖国擁護」のスローガンの区別、等々）を、ふくんだものであることは当然であった。

金融資本による世界支配、そしてそのための帝国主義戦争は、〝いままで歴史の外にあって、歴史の客体としてしかみられていなかった何億という人類……従属民族を世界史に引き入れた〟（全三一、二二五頁）のである。レーニンは、民族解放勢力を、先進国＝「金利生活国」における革命的労働運動と同時に、帝国主義の死滅性を規定する、ひとつの重要な主体的契機として位置づけていたのである。『帝国主義論』は、民族自決・解放のための闘争が、必然的になる政治的経済的諸条件を明らかにしたものであることをも、忘れてはならないであろう。

## 第三節　三規定とその内的論理連関の把握

本節において、筆者の『帝国主義論』の三つの規定とそれらの内的論理連関把握を箇潔にまとめることにする。本節は、全章のまとめにも、相当するものである。

## （一）独占資本主義規定

第一に、五つの基本的標識は、帝国主義の純経済的特（本）質の分析であり、規定である。しかし第二に、独占資本主義の分析は、経済の総過程を、分析しているが故に、必然的に、独占資本主義の政治過程の特質＝〝政治における独占主義〟の分析であり、またそれは、第五標識＝領土的分割の完了定式のための、論理的媒介となっているのである。したがって、第一規定は、政治経済的な規定として把握するのである。

帝国主義は独占資本主義であるという、この第一規定は、究極的論理として、帝国主義間の矛盾の激化＝帝国主義戦争を不可避的なものとする。及び、独占資本主義分析過程（第一章）のもっとも抽象的な論理次元において把握された、資本主義の基本的矛盾の激化をも不可避的なものにするのである。しかし、以上の二つの矛盾の激化は与えられているが、独占資本主義の分析と内容は、おもにそのもの自体（生産の社会化の側面）としての分析と内容であり、政治的経済的民族的その他等々の諸矛盾の激化及び階級的諸矛盾の激化（帝国主義戦争が更にその矛盾を激化させるという論理もふくむ）の分析と内容は含まれていないのである。

## （二）寄生的は腐朽しつつある資本主義規定

第一に、五の基本的標識のそれぞれの論理の発展として経済的寄生性の傾向を示すということである。そして第二に、経済的寄生性を基礎として、特殊的な反映としては労働運動に寄生し、そのことによって労働運動を分裂させ、日和見主義的潮流を必然的なものにする。第三に、一般的な反映としては、「金利生活国」の〝あらゆる社会的政治的諸条件〟＝社会的諸施設、政治的諸機構、民主主義的諸機構などを日和見主義者に対する経済的特権や施し物に照応する政治的特権や施し物にさせていくということである。そして、独占資本主義の分析と内容がおもにそのもの自体としての分析と内容であったが故に、第二、第三の〝反映〟は、帝国主義を延命させる限りでの、すなわち〝引きつけ〟としての〝反映〟として把握するのである。第四に、〝政治における独占主義〟は、必然的に帝国主義の政治的特性を反動、民族抑圧、併合とするということである。この第四は、国家権力を媒介として第三と密接な関連にあるのである。政治的社会階級的寄生性とは、第二から第四までのことであり、第一規定がそうである様に、第二規定も政治経済的かつ国際的な概念として把握するのである。

第二規定の積極的な論理は、第一規定の究極的論理を直接ふまえ、次の様に与えられる。日和見主義は、帝国主義戦争という客観的情況のもとでは、日和見主義培養のための経済的基礎が脆弱、不安定な為に、十九世紀の後半にイギリスで勝利を得たと同様に勝利することはできないし、又帝国主義戦争という危機の時代には、ブルジョア政治と完全に融合しあい、社会排外主義となってしまう、ということである。

### 三 死滅しつつある資本主義規定

死滅しつつある資本主義規定は、独占資本主義規定及び寄生的な腐朽しつつある資本主義規定が、総体として必然的に生起せざるを得ない政治的、経済的、民族的、等々の諸矛盾の激化を、最も抽象的な論理次元において与えられた資本主義の基本的矛盾の激化という論理の基礎の上に、階級的諸矛盾の激化として総括され、その激化の故に、又第一規定の究極的論理＝帝国主義戦争が更にその諸矛盾を激化させるが故に、革命的労働運動の昂揚を必然化せしめ、かつ、それまで歴史の客体としてあった民族解放勢力の昂揚をも必然化せしめ（ここにおいて初めて、第一規定は社会主義の為の物質前提としての、第二規定は客観的には労働運動の反逆を引き起こさざるを得ない要因としての性格が与えられるのである）、かかる主体的契機の成熟のうえに、帝国主義との闘争と日和見主義との積極的な闘争の結合というマルクス主義戦術が明確化され、日和見主義を克服するならば、社会主義が勝利する、という論理次元において、初めて規定されるのである。
以上が、筆者の『帝国主義論』の三規定とそれの内的論理連関の把握である。

注（1）原本一五四〜一五五頁

付記として筆者の三規定の内的論理連関を図式化した。矢印は、論理規定関係を示している。又、⇕は照応関係を示している。

この図は、分割完了にいたるまでの歴史段階における横断面（論理関係）と分割完了後の歴史段階における横断面（論理関係）を統一的に表現している。そこで、一つの問題が起きてくるので注を与えておくことにする。

前者の場合、矢印（A）の実際の論理は、矢印（B）を内包している。しかし、まだこの歴史段階は、帝国主義国間の直接的な衝突がなく、自由な平和な分割であるので、「帝国主義戦争」は消去されなければならない。後者の場合は、矢印（A）が消去される。

この様な問題が起きるのは、又この様に図式化せざるを得なかったのは、「領土的分割の完了」（西暦一九〇〇年）という、きわめて短い歴史的時期を、経済的指標としてあげているからである。

## 図解　三規定の内的論理連関

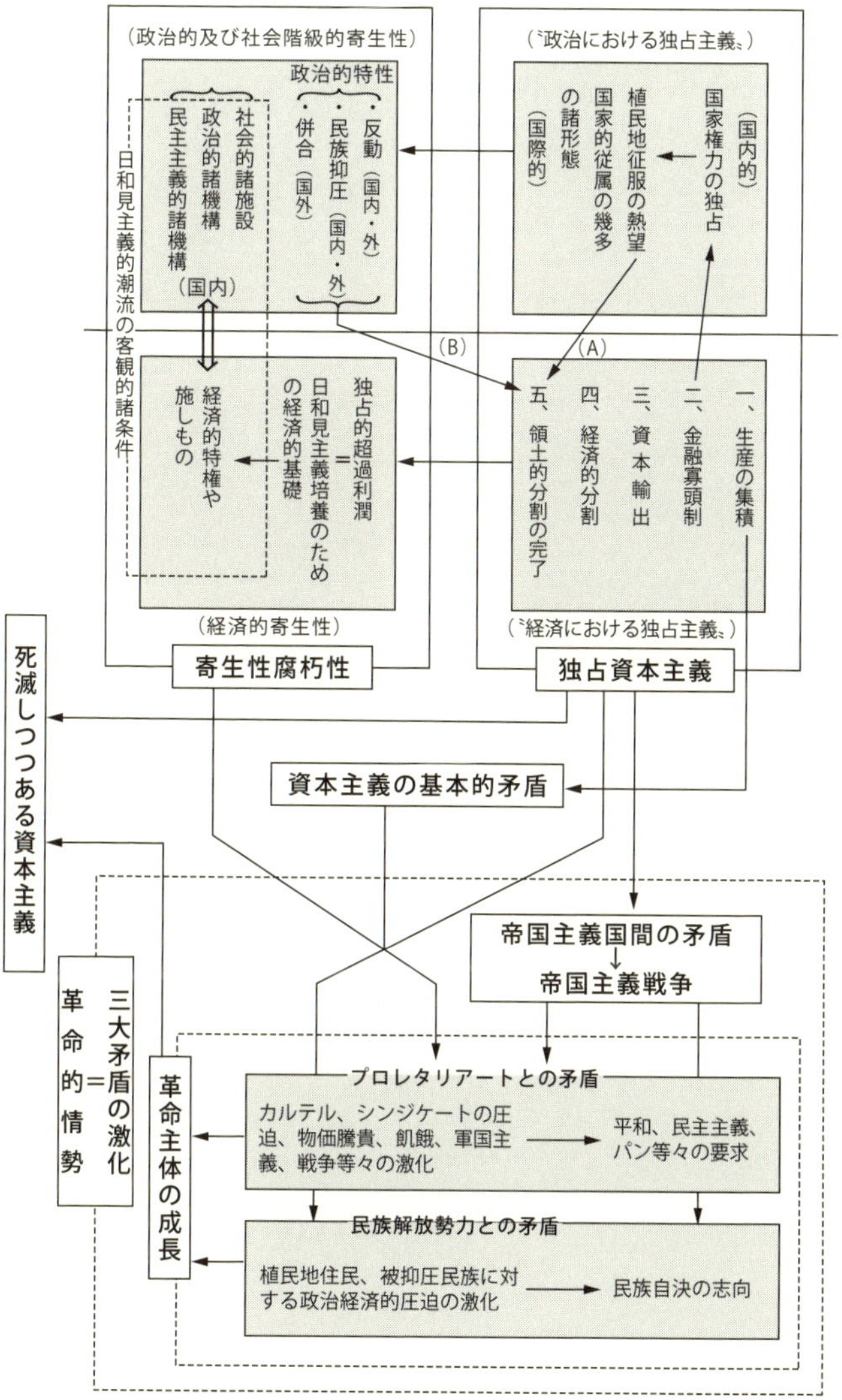

## 【解説】浪江町の人びとは、なぜ〈核災棄民〉になったのか

鈴木正一『〈核災棄民〉が語り継ぐこと

——レーニンの『帝国主義論』を手掛りにして』に寄せて

鈴木比佐雄

1

鈴木正一氏は、略歴やあとがきによると福島県浪江町に生れ育ち、福島大学で経済学を学び、町会議員などを歴任して故郷の町づくりに参画し続けてきた。二〇一一年三月一一日の東日本大震災・東電福島第一原発事故が起こり、翌日には浪江町北西部の飯舘村に近い津島地区に家族と共に避難し三日間ほど過ごしていた。しかしこの間には福島第一原発の三基はメルトダウンし二基が水素爆発を起こして、約二十八㎞離れていたこの津島地区には毎時五十マイクロシーベルトを超える放射線量が降り注がれていた。その命に関わる情報は原発立地町ではない浪江町の町民には伝えられなかった。鈴木氏はその後に仙台など五度目の引っ越しを経て、現在は南相馬市原町区に暮らしている。

事故直後は原発を止めたが、この七年が過ぎても、今の日本の原発は川内原発一基、玄海原発で一基、高浜原発一基、大飯原発二基の計五基が再稼働していて、今後も点検期間中の伊方原発を始め再稼働する原発は増えてくるだろう。また日本政府・行政と原発メーカーは、

インド、トルコ、英国などの世界中の国々に原発を輸出しようとしている。いまだ日常的に溶け落ちた核燃料を冷却するために、八十億ベクレルを含む汚染水を海に流しているとも言われ原発事故を終息させる目途は立っていない。それにも関わらずオリンピックを招致したいために日本の首相は「アンダー・コントロール」（管理下にある）という虚偽の発言を世界に発してしまった。最近は「フェイク・ニュース」（偽ニュース）という言葉がアメリカ大統領から自らの発言を省みないで頻繁に出てくる。それ以上にひどいと思われる日本の総理大臣には、「フェイク・ニュース」を真実であると確信犯的に語る能力が求められているかのようだ。政治家はその国民の意識の反映でもあり、日本人の中には言葉へのニヒリズムが染みついているのかも知れない。その明白に願望を真実にすり替えて言わせる背後の構造的な勢力とは、いったいどんな力学を持っているか。そんな問いを鈴木正一氏は粘り強く考え続けていたに違いない。

鈴木氏とは、浪江町から避難し今は相馬市に暮らしている詩人の根本昌幸氏から紹介されて知り合うことになった。鈴木氏と根本氏とは親しい友人であり、根本氏の伴侶みうらひろこ（詩人）さんとはかつては浪江町商工会の仕事を一緒にしていたこともあり、さらに津島地区に避難し共に悲劇に遭遇することになった。根本氏の詩集『荒野《あらの》に立ちて――わが浪江町』の中に詩「わが浪江町」があり、私はその解説文で詩を引用して次のように論評している。

詩「わが浪江町」　根本昌幸

いつから福島がフクシマになったのか／うつくしまふくしまが／カタカナ文字のフクシマに。／福島県に私は生まれ育った。／それも双葉郡浪江町という所に。／海があり　山があり／二つの美しい川があり／みどりの豊かな町だった。／なぜ　そこを追われなければならないのか／答えてくれ／私は浪江町が好きだった。／誰よりも好きだった。／子どもの頃は魚つりをした。／鳥刺しをした。／山や川で遊んだ。／野原に寝ころんで／流れ行く雲を見た。／みんなみんな美しかった。／美しい心をしていた。／おとなになっても／純粋なままだった。／四季折々の花が咲き／人々は優しい気持ちをしていた。／わが浪江町。／この地に　いつの日にか／必ずや帰らなければならぬ。／地を這っても／帰らなければならぬ。／杖をついても／帰らなければならぬ。／わが郷里浪江町に。

この詩を読むたびに「わが浪江町」という言葉に込めている万感の望郷の念が読むものの心を打ち続ける。この詩は誰でも分かる平易な言葉で書かれていて、一読して読者に挑みかかるような刺激的で難解な表現ではない。むしろ淡々とした語り口の中から、読者の内面に根本的な二つの難問を投げかけている。一つは冒頭の「いつから福島がフクシマになったのか」という問いだ。放射性物質に汚染された福島はその瞬間から「フクシマ」となって世界中に知れ渡り、世界中の人々の心にスリーマイル島、チェルノブイリ、そしてる「フクシマ」となって刻まれてしまった。その世界史に残るレベル7の放射能汚染の地である「フクシマ」と、軽々しく言ってくれるなという思いがこの問いの中にある。（略）二つ目は「なぜ　そこを追われなければならないのか／答えてくれ」という問いだ。福島原発で放射能事故が起こった場合にこのような事態は、充分予測できた。帯文を書いてくれた若松丈太郎さんは、実際にチェルノブイリに行き、東京電力福島第一原発の三十㎞圏内で起こるだろう被爆・被曝のシミュレーションを予言的に語った詩篇を一九九四年に発表していた。そのような故郷を一瞬で汚染し、人びとを被曝させて追放してしまう可能性を政府・行政・電力会社たちは、「安全神話」を盾になぜ不問に伏していたかという根本的な問いだ。（略）この二つの問いを原発事故を引き起こした者たちに突きつけながら、故郷へ帰郷する日まで、この詩は読み継がれるだろうと思われる。

鈴木氏は、根本氏の「私は浪江町が好きだった。／誰よりも好きだった。」という郷土愛を共有し、「いつから福島がフクシマになったのか」とか「なぜ　そこを追われなければならないのか」という問いを自らに課して徹底的に考えようと願ったに違いない。

2

また本書の冒頭には、浪江町に隣接する南相馬市に暮らし、福島第一原発が稼働する前からその危険性の警告を発していた詩人の若松丈太郎氏の論集『福島核災棄民――町がメルトダウンしてしまった』から〈核災棄民〉の概念を次のように規定している。その若松氏の原発に関する見解は鈴木氏に決定的な影響を与えたと思われた。

原子力発電は、〈核爆弾〉と同種の〈核発電〉と、その事故（原発事故）を〈核災〉と言う。見すてられ、国家などの保護下にない被災者は、〈棄民〉であり、原発被災者を〈核災棄民〉と言う。（本文九〜十頁）参照

それらの二人の詩人たちの詩や言説に刺激を受けて、鈴木氏は今回の『〈核災棄民〉が語り継ぐこと――レーニンの『帝国主義論』を手掛りにして』を刊行しようとしたに違いない。放射性物質が拡散していく汚染地域の情報を隠してしまった政府・行政・電力会社などの取った無責任な行動は、特に福島県の浜通りの人びとをまさしく若松氏が言う〈核災棄民〉にしてしまったのだと痛感する。どうして政治・経済のトップの立場の人びとは、そんな無責任な行動をとり続けるのだろうか。それは個人の問題ではなく国家・経済・社会の構造の根源

に存在する問題ではないかと鈴木氏は、考え始めたのだろう。

「一、〈核災棄民〉が語り継ぐこと」の冒頭で次のように原発の引き起こした故郷の破壊や核廃棄物を処理するための「天文学的な時間とコスト」を指摘している。さらに「核エネルギーの平和利用」の虚構性を明らかにしている。

原発事故は、避難指示区域で十六万五千人、自主避難者を含めれば三十四万四千人の原発被災者をつくりだした。そもそも「核エネルギーの平和利用」など存在するのだろうか。農耕や牧畜を始めた人類の歴史は一万年程度だが、核廃棄物の寿命は十万年単位だということは想像もできない、未来永劫の時間である。その安全（?）な管理には天文学的な時間と費用がかかるだろう。

経産省資源エネルギー庁と原子力発電環境整備機構（NUMO）は、本年二〇一八年（平成三十年）五月から高レベル放射性廃棄物に関する説明会を、全国で順次再開するそうだ。予測できない戦争や「想定外」の自然災害にも対応できる、核廃棄物の安全な管理を可能にする科学・技術は、完成していない。核廃棄物が人類死滅の元凶になることを、誰も否定することはできない。私たちの子孫に、危険この上ない遺産を残すことを考えれば、現在の科学・技術では「核エネルギーの平和利用」など存在するべきではないと言わざるを得ない。

鈴木氏が指摘したように、原発を稼働した核廃棄物による「天文学的な時間とコスト」と自分たちのような〈核災棄民〉を生み出した「安全神話」の虚構性が誰の目にも明らかになりつつある。けれどもなぜ国家・行政・電力会社・原発メーカーなどは、原発から撤退しようとしないのだろうかと、その根本原因を次のように探っていく。

〈核災〉の責任は、東京電力と政府にあることは明白だ。〈核災棄民〉をつくりだした元凶は何か。その根本原因を解明するのが主題である。〈核災〉は、有史以来の未曾有の人災（不法行為）にもかかわらず、誰一人として実刑を科された者がいない。不思議な話だ。私は、避難生活の中でそのことを漠然と考えていた。

昨年二〇一七年（平成二十九年）は、「帝国主義論」・「資本論」それぞれ発刊百周年・百五十周年の年だった。「資本論」と「帝国主義論」は、資本主義の自由主義段階（生成・発展）と独占主義段階（発展・消滅）の法則を解明し、高度に発達した現代資本主義（国家独占資本主義）分析においても、有効な理論的基礎であると思われる。私は、卒業論文で執筆した「レーニン『帝国主義論』基本論理に関する一考察」を何度か読み返した。それは、その解釈と現代資本主義（国家独占資本主義）分析の視角に関するものだ。

小論文の概略は、『帝国主義論』の基本論理である三つの規定の、第一規定「独占資本主義」、第二規定「寄生的・腐朽的な資本主義」、第三規定「死滅しつつある資本主義」の論理関係を明らかにする中で、第二規定の現状を分析することが、今後の資本主義分析の重要な視角であるという論旨だった。

鈴木氏は、「〈核災〉の責任は、東京電力と政府にあることは明白だ。」と言い、さらに東京電力の背後にある「〈核災棄民〉をつくりだした元凶は何か。その根本原因を解明するのが主題である。」と本書の問題意識を明らかにする。その手掛かりとして学生時代に卒論のテーマとしたレーニンの『帝国主義論』を再読し、特に『帝国主義論』の基本論理の第二規定「寄生的・腐朽的な資本主義」に注目する。それを手掛かりに、このような浜通りの人びとの故郷を喪失させ、生命の危機に陥れても恥じないで、原発をいまだに推進しようとする勢力の存在理由に対して、その根本的な錯誤を経済性や人権や民主主義の観点から明らかにしていく。

3

レーニンが一九一六年に執筆した『帝国主義論』は、ロシア革命が始まる前の当時の六大強国（イギリス、ロシア、ドイツ、フランス、アメリカ、日本）などの先進の資本主義経済を分析し、その過剰資本が自国の投資に向わず、後進国に投資されることによって植民地化に向い、強国は「世界の分割」をし合う帝国主義の論理で「領土併合や他民族に対する抑圧」が起きていることを指摘した。その一九一四年のデータで作成された表14「列強の植民地領有」（角田安正訳・光文社）では、日本は三十万㎢の面積と一九二〇万人の植民地の民衆を領有していることが記されている。植民地化された国名は表には記されていないが、朝鮮と台湾などであることは明らかだ。レーニンは、資本主義は寄生し腐敗していき、その堕落した金融資本は軍需産業と結びつき利益を上げて、そんな「世界の分割」の利害関係から帝国主義戦争が引き起こされてしまい、ついには帝国主義戦争で敗北したロシアやヨーロッパの国々でプロレタリアートたちが社会主義革命に立ち上がることを予言する。この予言は一九一八年のロシア革命がおこった頃には現実を先取りしていた。けれども第二次世界大戦以後の二十世紀半ばの世界では、多くの植民地が独立したが、かつての強国たちは過剰資本をたくみにコントロールしながら外見上は繁栄を続けているようで、『帝国主義論』は過去の遺物と思われていた。

けれども鈴木氏は、福島の〈核災〉を引き起こした根本原因がかつての「帝国主義」のように過疎の東北の浜通りを過剰な金融投資によって植民地化していたことに気づかされたのだろう。そして「二、原発事故〈核災〉の根本原因」では、次のように「新たな寄生性・腐朽性の根源にもなっている」〈核発電〉が引き起こした被害総額と、それにもかかわらず原発を推進している実態を明らかにして、その根本原因の所在を抉り出している。

核発電所の開発は、戦後国家政策として政府と電力会社が、二人三脚で進めてきたエネルギー事業だ。東電第一原発事故に関する政府の対応で注目している要点を羅列すれば、次のとおりだ。

（一）国の財政的支援

1、除染及び廃棄物処理費用の全額負担

2、復興費用の一部負担（〈核災〉を原因とする費用〜仮設、災害公営住宅等）

3、廃炉費用の一部負担（凍土遮水壁費用〜約三百五十億円）

4、賠償金の財源は全額、国の無利子貸付金（限度額十三、五兆円で最終金額及び完済期限は不明・利息は国民負担か）

＊これらは本来原因者が負担すべきだ。

（二）国の政策的支援（電力産業の他、核発電産業を含む）

1、原子力損害賠償紛争審査会の賠償基準は、東電の責任を一部矮小化

2、東京電力の一部国有化と国指導による電気産業の官民合体「共同事業体」の設立（平成二十八年十二月経済産業省発表）

3、核発電の運転再開（〈核災〉の原因未確定・三十キロメートル圏内の避難計画ない中での再開）

4、東電〈核災〉後、海外への核発電輸出のトップセールス（政府は新幹線等、大企業のトップセールスの役割をはたす）

5、核発電輸出への政府系金融機関（国際協力銀行）の金融支援の再開

6、各電力会社出資の基金設立の行政指導

7、国民からの収奪システムの構築（経営損失の補填と新エネルギー買取分の電気料金への転嫁）

これらの国の電力産業への優遇は、国民・〈核災棄民〉が納得できるものではない。

戦後、東電第一原発の敷地（三百二十ヘクタール）は、昔「大沢《おっとざわ》飛行場」（旧陸軍飛行場跡地）と呼ばれ、私が子供の頃は、よく父母に松林の中に生えているアミタケという茸を採りに連れて行かれた思い出深い場所だ。いつの日か進入禁止となった。それは、国から国土計画興業（堤康次郎・堤義明）が、三万円で払い下げを受け東電に二億五千万円（一坪二百五十円）で転売したからだ。住民の知らないところで核発電所の開発が計画され、進められた。当初から、政治家と経済人の癒着が出発点だった。その後、核発電所の開発と建設が、どのような政治的・経済的経過をたどったのか、どのように管理・運営され、国の

行政指導はどうであったのか、事故の原因と責任の究明は、どのように行われたのか。
電力産業全体が、便宜と利益を確保するための経済政策を、政治の独占を通して構造的にどのように造りあげてきたのか、又それら〈経済と政治における独占〉は、相互補完的構造でありどのような経過を経たのか。「寄生的・腐朽的な資本主義」の視角から分析するべきと思う。そして、それは資本主義体制の維持・強化すなわち延命のためにどのような役割を果たしたのか等の分析を通して、原発事故〈核災〉の根本原因の明細が明らかになると思われる。

以上のように一人の〈核災棄民〉の当事者であると自覚した鈴木正一氏は、今も進行している「寄生的・腐朽的な資本主義」は、果たしてあまたの人びとを幸福にするあるべき世界なのだろうかと読者に問いかけてくる。さらに人類や地球に寄生しそれを腐らせていく政治・経済・軍事などの複合汚染とも言える新たな「帝国主義」が、日本政府・行政・産業界にも存在し、これからも世界規模で新しい〈核災棄民〉を生み出していくことに危機意識を感じている。「浪江町の人びとは、なぜ〈核災棄民〉になったのか」という問いを問い続ける。その根本原因を突き止めるために卒論に立ち返り、レーニンの『帝国主義論』から再び学び、人類を永遠に不幸にしても恥じない巧妙な「帝国主義」の問題点を私たちに投げかけている。

# 資料編

鈴木正一卒業論文『信陵論叢』第十七巻

（一九七五年六月に収録された。）

## 「『帝国主義論』基本論理についての一考察」

鈴木正一（米田ゼミナール・四年）

### はじめに

本研究の課題は、三規定の内的論理連関を明らかにすることにより、『帝国主義論』（レーニン）の基本論理を理解することである。それは、〝『帝国主義論』の基本論理は、『帝国主義論』の理論の発展における不変の骨組みである。〟（「帝国主義論コメンタール」、二〇七頁）と原田三郎氏が述べているとおり、国家独占資本主義論の基礎的論理を準備することであるし(1)、また国家独占資本主義分析の為の視角を確立することにもなると考える。

この『帝国主義論』の基本論理（三規定の内的論理連関）を理解する際に、筆者は原田三郎、庄司哲太丙氏の所説を批判的に検討する中で、自分の意見をまとめた。とりわけ「帝国主義論コメンタール」所収の庄司氏の論文「『帝川主義論』についての一考察」を中心に検討した。なぜなら、同論文は三規定の内的論理連関と規定そのものの論理が統一的に把握されているからである。

もっとも、原田、庄司両氏の『帝国主義論』の基本論理把握は、『資本論』に対する『帝国主義論』の理論的関連の把握が前提とされているが、この点に関する筆者の意見は十分なものではなく、さしあたり両氏に依存するということになる(2)。

また、『帝国主義論』の基本論理を理解する際に、筆者はレーニン全集二十一巻から二十三巻のすべての論文、手紙等を考慮し、その理解の鍵とした。それは〝この小冊子はツァーリズムの検問を顧慮して書かれた。だから私はもっぱら理論的な――それもとくに経済学的な――

分析にごく厳重に局限しなければならなかったばかりでなく、政治について少数のかくことのできない意見を述べるときには、最大の慎重さをもって、ほのめかしで、あのイソップ的な――のろわしいイソップ的な――言葉で、定式化しなければならなかった。〃（国民文庫『帝国主義論』副島訳八頁、以後、文庫と略す）し、〃帝国主義は社会主義革命の前夜であること、社会排外主義（口さきでは社会主義、行動では排外主義）は社会主義に対する完全な裏切りであり、ブルジョアジーの側への完全な移行であること、労働運動のこの分裂は帝国主義の客観的条件と関連するものであること、等々を、私は「奴隷の」言葉で語らねばならなかった。〃（文庫九頁）からであり、レーニン自身によっても参照する様に指示されているからである。

（1）〃……国家独占資本主義論は、第一次大戦から現代までの資本主義の世界史的発展過程に立って、全般的危機のもとで帝国主義の経済的諸特質に生じた変化を、『帝国主義論』の基本論理のさらなる発展の中に位置づけて、理論構成するべきものと考える。〃（「帝国主義論コメンタール」一五五頁、以後、コメンタールと略す）。

（2）〃『帝国主義論』は、『資本論』の理論体系をなす資本制的生産の内的運動法則のうちに把握された、「資本制的蓄積の歴史的傾向」にかんする諸規定、すなわち資本制的蓄積の始原終末の歴史的必然性にかんする諸規定のうち、その終末についての規定を直接うけて、これを発展・具体化するものであるというのがぼくらの見解であった。この意味で『帝国主義論』は『資本論』の継承、発展だというのであった。ぼくらは、『資本論』に対する『帝国主義論』の理論的関連をこのように理解することによってはじめて、『帝国主義論』の理論の全体を統一的に把握し、これによって『帝国主義論』を現代の資本主義に対して発展させていく理論的基準を明確にしうると考えたのである。〃（コメンタール、一五〇頁～一五一頁）。なお、『資本論』に対する『帝国主義論』の理論的関連についてのくわしい所論は、原田氏の論文「帝国主義論の理論的位置」（コメンタール所収）を参照。

## 目　次



## 凡　例

① 〝、、、〟は引用を示す。
② 引用文において筆者が傍点をつけた場合は、ことわり書きを添えるが、それがない場合は著者の傍点である。
③ 注は各節ごとに、まとめて後ろにおさめた。
④ レーニン全集は全、「帝国主義論コメンタール」はコメンタールと略す。
『帝国主義論』（レーニン）国民文庫副島訳を文庫

と略す。

## 第一章　『帝国主義論』第三規定の歴史的性格
### —問題提起にかえて—

### はしがき

レーニンは、生身の客観的情勢の総体を、真に唯物史観の立場から分析し得たが故に、唯一正しいマルクス主義的戦術を確立することができたのであるし、またマルクス主義を創造的に発展させ、その内容を豊富にすることができたのである。それ故、レーニンが帝国主義を死滅しつつある資本主義であると規定した時、その主体的契機である当時の社会民主党の左派＝国際主義者達の具体的な闘争の前進（あるいは、その可能性と必然性）が、常に念頭にあったのだと思われる。レーニンの世界革命の予想もそれに基づいて組み立てられていったのは言うまでもないことであろう。本章においては、レーニン全集二十一巻から二十三巻までの諸論文、手紙等に基づいて、以上の二点を明らかにしていきたい。（なお、当時とは二一巻から二三巻までの時期—一九一四年八月〜一九一七年三月—である。）

なぜこの様な議論をするかと言えば、第一には、『帝国主義論』において、当時の客観的情勢を前提にし論理が展開されていると思えるところがあるし、直接的には、第十章把握の前提ともまた、『帝国主義論』全体の把握の前提とも考えるからである。第二に、現在『帝国主義論』の一般的な意義について強調されはするが、また独占段階の一般的な理論としても強調されてはいるが、しかし、『帝国主義論』を歴史的にとりあげ、歴史的性格を有したものとして、それを把握するという立場はあまりないと思えるのである。（この立場は、ひとつの重要な立場と考える。なぜなら、レーニンの『帝国主義論』は真の歴史主義につらぬかれているからである[1]。そして筆者にはそのことが、原田氏をして、〝今日のいわゆる現代資本主義論〟は、〝ある意味では帝国主義論を見失いつつあ

るかに見える〃と言わせしめた一要因とも思えるのである。（コメンタール、一八三頁）

## 第一節　革命的情勢と革命勢力の成長

レーニンは〃一般的にいって、革命的情勢の徴候とは、どんなものであろうか？つぎの三つの主要な徴候をあげれば、たしかにまちがいではないだろう。〃として、三つの主要な徴候を指摘する。すなわち〃（一）支配階級にとっては、いままでどおりの形で、その支配を維持することが不可能なこと。「上層」のあれこれの危機、支配階級の政策の危機が、割れ目をつくりだし、そこから被抑圧階級の不満と激昂がやぶれ出ること。革命が到来するには、通常、「下層」がこれまでどおりに生活することを「のぞまない」だけではたりない。さらに、「上層」がこれまでどおりに生活していくことが「できない」ことが必要である。（二）被抑圧階級の欠乏と困窮が普通以上に激化すること。（三）右の諸原因によって、大衆の活動性がいちじるしくたかまること。大衆は、「平和」の時代には、おとなしく略奪されるままになっているが、あらしの時代には、危機の環境全体によっても、また「上層」そのものによっても、自主的な歴史的行動に引き入れられる。

個々のグループや党の意志ばかりでなく、個々の階級の意志とも無関係な、これらの客観的な変化がなければ革命は——通例——不可能である。これらの客観的変化の総体が、革命的情勢と呼ばれるのである〃（全二一、二〇八頁）。一般的に革命的情勢とは、以上のことである。

それでは当時の革命的情勢の具体的な〃客観的変化の総体〃とはどの様なものであったのだろうか。第一には、「金利生活国」（金融資本家）は、自らの支配を維持、強化するために、独占と特権を目ざすために、必然的に領土再分割闘争をひきおこさざるを得なかった。すなわち、植民政策のもとに帝国主義戦争をひき起こさないでは、〃「上層」が、これまでどおりに生活していくことが

「できない」〟という情勢にあったということ。第二には、〝今日の社会が社会主義へ移行するのに、どの程度成熟しているかは、人民の力の緊張が、五千万以上の人間の全経済生活を、一つの中心から規制するような状態にうつることをよぎなくさせた、ほかならぬ戦争がこれを証明したのである〟（全二三、二九八頁）。すなわち、社会主義のための物質的前提はすでに成熟し、戦争がそれを証明したということ。そして第三には、〝大衆の最大の不満、動揺、憤りは現に存在してい〟（全二三、二九九頁）て、〝戦争は通常の仮眠の心理状態をうちやぶる激しい感情を大衆のうえに、ひきおこさないわけにはいかなかった〟（全二一、二八三頁）し、また〝戦争は革命的情勢をつくりだし、大衆のあいだに革命的気分と動揺を生みだし、いたるところでプロレタリアートの最良の部分のなかに、日和見主義が破滅的なものだという意識を呼びおこし、日和見主義との闘争をつよめている〟(2)（全二一、三五九頁）ということ。戦争は、階級的諸矛盾を更に激化させ、〝大衆の活動性〟を〝いちじるしくたかめたのである〟（全二三、二九八頁）であり、以上が、当時の〝事態の客観的な発展〟であろう。

当時この様な情勢にあったことは、ほかならぬブルジョア博愛主義者と〝神を信じる俗物〟（全二一、八三頁）、キリスト教民主主義者が告白しているのである。イギリスの百万長者の雑誌『エコノミスト』一九一五年二月十三日号には次の様に述べられている。〝「……。戦争がひらいている展望は、血なまぐさい革命、労働と資本との、あるいはヨーロッパ大陸の国民大衆と支配階級との、激しいたたかいの展望である。」〟また、同年三月二十七日号で、エドワード・グレーは次の様に述べる。〝「戦争は革命的無秩序をもたらすだろう。だれも、この無秩序がどこではじまり、なんでおわるかをかたることはできない」〟（以上全二一、一八六〜一八七頁）と。キリスト教民主主義者も、ブルジョア博愛主義者にまけることなく、次の様に告白（予言）するのである。〝「一夜のうちに世界の光景が一変した。……割愛……。もし窮乏が法外に大きくなり、もし絶望が勝ちをしめ、もし敵の軍服姿をしているのが兄弟であることを、たがいにさとるならば、おそらく、まったく予期されていなかったなにごとかが、さらにやってくるだろう。おそらく武器は戦争をけしかけたものへむけられるであろう。おそらく憎悪をおしつけられてきた諸国民は、突然一つに結合して、この憎悪をわすれるであろう。われわれは予言を事としたくはないが、しかし、もしヨーロッパ戦争が、われわれをヨーロッパ社会共和国に一歩近づけるならば、ともあれ、いま考えられているほど、無意味なものではないであろう。」〟(全二一、八二〜八三頁、傍点筆者)と。彼は〝武器を「戦争をけしかけた者」にさしむけても悪くないだろうとまで言っている〟(同上、八三頁)のであり、しかもこの戦争が〝ヨーロッパ社会共和国に一歩近づけるならば〟、〝無意味なものではないであろう。〟とまで述べているのである。この神を信じるキリスト教徒、そして〝イギリスの平和主義的百万長者たちは、日和見主義者。カウツキーの支持者、それに類した、平和にあこがれる社会主義者たちよりも、はるかに正しくこんにちの政治を理解している〟(全二一、一八七頁)のである。

しかし、〝すべての革命的情勢から革命がおこるとはかぎらず〟それに〝主体的変化がくわわるばあい、すなわち旧政府をうちくだく(またはゆるがす)にたりるほど強力な革命的大衆行動をおこなう革命的階級の能力がくわわるような情勢からだけ革命がおこる〟(以上、全二一、二〇九頁)のである。したがって、レーニンは〝いまや、すべての問題は、プロレタリアートの自覚した前衛が、自国政府の打倒をめざす革命的闘争のために、その考えを集中し、その勢力を結集するところにある[3]〟(全二三、二九九頁)と結論づけるのである。それでは、当時の革命勢力すなわち帝国主義の死滅性を規定するその主体的契機はどの様な状態にあったのだろうか。

レーニンは、半世紀前と当時の一般的な相違について、以下の様に述べる。〝十九世紀には、近代的な帝国主義もなければ、社会主義の客観的諸条件も成熟しておらず、すべての交戦国に大衆的な社会主義政党もなかった。すなわち、バーゼル宣言が大国間の戦争に関連して「プロレタリア革命」の戦術を引きだしたような、そういう条件そのものがなかったのである〟(全二一、三二五頁)。〝半世紀前には、プロレタリアートはあまりにも弱く、社会主義の客観的諸条件はまだ成熟していなかった。すべての交戦国で革命運動があい呼応し協力するなどということは、ありえなかった。……中略……。それから半世紀たって、当時の革命をよわめていた諸条件はなくなった〟(全二一、三二〇〜三二一頁)。すなわち、社会主義の客観的諸条件＝物質的前提はすでに成熟したということと同時に、すべての交戦国に、大衆的な社会主義政党が存在し、プロレタリアートの力が強くなり、すべての交戦国で革命運動があい呼応し協力するという可能性及び必然性が生まれたということである。

しかし、当時レーニンは、帝国主義の死滅性を規定する主体的契機を、一般的な社会主義政党の存在に求めていたとは思われない。なぜなら、ドイツ社会民主党は革命運動を裏切り、その他の政党も第二インタナショナルの「権威」カウツキーに追随し、ある者は動揺分子として存在し、あるものは排外主義者に転落してしまったからである。明らかに、レーニンは国際主義者達＝左派にとどまることのできた、〝パリ・コンミューン戦士の精神での活動〟(全二一、三二一頁)をすることができたマルクス主義者達を念頭においていたのである。

国際主義者＝左派は、レーニンの指導のもとに、日和見主義との闘争を通じ、それを克服しつつ着実にその力を大きくしてきたのである。一九一五年九月五日〜八日、スイスのツィンメルヴァルドで国際社会主義者会議(この会議は、第一次世界大戦中にひらかれた国際主義者会議の第一回目のもの)がひらかれた。レーニンは、この会議の評価を、論文『第一歩』と二九一五年九月五〜八日の国際社会主義者会議における革命的マルクス主義者』において、次の様に与えている。〝一九一四年九月には、わが中央委員会の宣言は、いわばひとりぼっちであった。……。一九一五年九月には、われわれは国際的左翼の一グループに結束し、独自の戦術をもって登場し、共同宣言のなかではわれわれのいくつかの基本思想をとおしており、旧国際社会主義ビューローの戦術をまっこうから非難している宣言にもとづき、旧ビューローの意志にそむいて、I・S・K（国際・社会主義委員会）、すなわち、事実上、新しい国際社会主義ビューローをつくることに参加しているのである〟（全二一、四〇二頁）。〝いま言ったグループ（国際主義者、革命的マルクス主義者—筆者）がかたく結束したことは、この会議のもっとも重要な事実の一つであり、またもっとも大きな成功の一つである〟（全二一、四〇四頁、傍点筆者）。レーニンは、この会議ではじめて左派グループの結束に成功したのである。そして引続き、一九一六年二月五日〜八日、ベルンで国際社会主義委員会拡大会議が開かれ、そこにおいては、「戦争と民族主義に敵対する社会主義者の国際的統合」の問題を審議するというレーニンの提案はツィンメルヴァルド右派の圧力によって斥けられたものの、レーニンの書いた決定草案のいくつかの項目を採択させるのに成功したのである。（「第二回社会主義者会議の召集についての決定草案」全二二、一三五頁を参照）。第二回国際社会主義者会議は、一九一六年四月二十四日〜三十日に、スイスのキンタールでひらかれた。このキンタール会議では、帝国主義戦争の内乱への転化、戦争における自国の帝国主義的政府の敗北、第三インタナショナルの組織というボリシェヴィキの政策の基本的な命題を採択しなかったが、レーニンは社会平和主義および国際社会主義ビューローの活動を批判した決議をとおすのに成功し、国際主義的分子の分出と結集を更に促進させることができた。そして、のちにこれらの分子から、一九一九年に第三インタナショナルが形成されることになったのである。

レーニンが、当時の帝国主義の死滅性を歴史的に規定し得たのは、以上の様な左派グループの結束の前進が必然的なものであったからであろう。そして、左派グループの前進を必然的なものにし得たのは、真にマルクス主義的戦術と政策をかかげていたからである。すなわち、〝問題は組織の成員数よりも、むしろその組織の政策の現実の客観的意義にある。……この政策が大衆を代表するものであるか、大衆に、つまり資本主義からの大衆の解放に役だつものであるか、それとも、少数者の利益を代表し、この少数者と資本主義との和解を代表するものであるか、ということにある〃（全二三、二二八頁）のである。だからこそ、レーニンをして〝数的な弱さだって？しかし、いったいいつから革命家は、彼らが多数をしめている事実か少数をしめている事実かに自分の政策を依存させているというのか？一九一四年十一月、わが党が日和見主義者との分裂の必然を声明し、この分裂は一九一四年八月の彼らの裏切りにたいする唯一正しい当然の回答になるだろうと言明したとき、この声明は多数の人々には、生活と現実からすっかり浮きあがっている者の、セクト的な狂気の沙汰としか思えなかった。二年たった、そして何がおこっているかを見たまえ〃（全二三、二一七頁）と言わせしめたのである。そして、レーニンのとったマルクス主義的戦術と、その政策はけっして机上のものではなく、すでに、ロシアにおいて実践的に証明され、検証されていたものであることを忘れてはならないだろう。(4)

以上の様な当時の客観的諸条件及び左派グループの闘争の前進（及びその可能性と必然性）は、レーニンの世界革命の予想に、当然ながら反映する。そして、その予想も当時の帝国主義の死滅性を歴史的に規定していることを推測させるのである。

（1）〝マルクスは、資本主義制度の研究をはじめて歴史的な態度でとりあげたが、レーニンも、資本主義の帝国主義段階の研究をはじめて歴史的な態度でとりあげた。マルクスは、その歴史的な態度によって資本主義の弁護人の欺まんをことごとくうちくだいたが、レーニンもその歴史的な態度によって、帝国主義の段階にある資本主義の擁護者のわるあがきを根底から破壊した。〃
〝レーニンの『帝国主義論』は、理論と実践の不可分的関連をふくむ真の歴史主義につらぬかれている。〃
以上『帝国主義論』発刊五〇周年記念「経済」一九頁、

岡本博之氏。（以後五〇周年「経済」と略す）

（2）〃……戦争そのものが革命的情勢をつくりだし、それをふかめ、拡大することによって、大衆に革命をおしえるようになり、現におしえている……。〃（全二一、三六五頁）

（3）〃すべての問題は、社会民主党が「動揺しない、首尾一貫した、非妥協的なものとしてとどまる」ところにある。〃（全二一、八七頁）

（4）〃われわれが現在のロシアの労働運動において知っていることのすべては、ロシアの自覚したプロレタリアートがいままでどおりわが党とともにあるであろうということを、われわれに完全に確信させる。〃（全二一、三三九～三四〇頁）及び全二一、三四四頁の表を参照。

〃すでに一九一二年～一九一四年にロシアの労働者の圧倒的多数は、わが党とその党中央委員会のあとについてすすんできたのであるが、このロシアの労働者は、われわれの戦術が、いっそう広い舞台でも確証されていること、プロレタリア・インタナショナルのますます広範な、そして優秀な部分がわれわれの基本的思想に同調していることを、いまや、国際社会主義運動の経験によって知るであろう。〃（全二一、四〇二～四〇三頁）

## 第二節　レーニンの世界革命の予想

レーニンの世界革命の予想は、ロシアでのブルジョア民主主義革命勝利前には、以下の様なものであった。〃帝国主義戦争は、ロシアにおける革命的危機、ブルジョア民主主義革命を基盤とする危機と西欧におけるプロレタリア社会主義革命の危機の増大とを結びつけた。……。ロシアにおけるブルジョア民主主義革命は、いまでは、西欧の社会主義革命の序曲であるだけでなく、切りはなすことのできない構成部分なのである〃（全二一、三九二～三九三頁）。〃実生活はおしえる。実生活はロシアの敗北を通じてロシアの革命へ、さらにこの革命を通じて、またそれと関連して、ヨーロッパにおける内乱へとすすんでいる〃（全二一、三九六頁）。〃ロシアのプロレタリアートの任務は、ロシアのブルジョア民主主義革命を最後まで遂行し、こうしてヨーロッパにおける社会主義革命に火をつけることである〃（全二一、四一七頁）。これらの引用から明らかなことは、第一に、ロシアにおけるブルジョア民主主義革命が、ロシアの敗北を通じておこり、第二に、この革命を通じて、また関連して、ヨーロッパにおけるプロレタリア社会主義革命がおこるという予想である。すなわち、帝国主義戦争は、ロシアの革命とヨーロッパの革命を不可分なものにしたということである。

しかし、〃ヨーロッパには、近年のうちにほかならぬこの強盗戦争と関連して〃（全二三、二七七頁）プロレタリア社会主義革命が起こると予想しているが、その関連は、おそらくは比較的おそく、少なくてもロシアにおけるブルジョア民主主義革命の勝利以後の予想よりは、おそく予想していたと思われる。それは、第一に、ロシアのブルジョア民主主義革命はロシアの敗北を通じて起こるという予想であること。（この後に、ヨーロッパのプロレタリア社会主義革命は予想されているのである。）第二に、一九一六年二月八日のベルンの国際示威集会における演説で、〃これは（大衆の不満の増大、戦争に対する激昂、ストライキ、デモンストレーション、抗議の増大—筆者）ヨーロッパ戦争後に、資本主義に対するプロレタリアート革命がやってくることを、われわれに保証している。〃（全二二、一四二頁）と述べていること。第三に、『一九〇五年の革命についての講演』の最後で〃われわれ老人たちは、おそらく生きてこのきたるべき革命（プロレタリア社会主義革命—筆者）の決戦を見ることはないであろう。〃（全二三、二七七頁）とのべていること。第四に、〃ところで、帝国主義の危機は、まだけっしてその発展の最頂点に達してはいない。帝国主義的ブルジョアジーの威力は、まだくつがえされてはいない（「力が尽きはてるまでの」戦争は、そういうところまで導きうるが、現在はまだそこまで行きついてはいない）。〃（全二二、四一五頁）とのべていることから推論されるのである。

以上のレーニンの予想は、ロシアにおけるブルジョア民主主義革命勝利後には、次の様に展開されていくのである。レーニンは『遠方からの手紙、第一信』で〝帝国主義的世界戦争が生みだした最初の革命がおこった。この最初の革命は、たしかに、最後の革命ではあるまい。〟（全二三、三二七頁）とのべ、〝最初の革命〟後の予想を、第三信において次の様に展開するのである。〝ロシアそのものでは、幾多の革命的勝利——フィンランドでは、これらの勝利に掩護されて平和的な組織上の成功、ロシアの労働者は新しい規模の革命的な組織上の任務に移行する——プロレタリアートおよび貧困、住民層における権力の獲得——西欧社会主義革命が鼓舞され発展する——これがわれわれを平和と社会主義とに導く道である〟（全二三、三六五頁）。

ここでのべられている〝プロレタリアートおよび貧困・住民層による権力の獲得〟とは、〝革命のつぎの段階、または第二の革命〟（全二三、三七五頁）と呼ばれているものである。その階級構成は〝プロレタリアートと農民の革命的民主主義的独裁〟（全二三、三七五頁）であり、その政府の任務は〝消費の割当てにかんするものであって、生産の改造にかんするものではない。それらは、まだ「プロレタリアートの独裁」ではない〟（全二三、三六三頁）のである。

その権力がプロレタリアートの独裁に転化するのには、〝西欧社会主義革命が鼓舞され発展〟し、それを通じて、ロシアで、地主所有地の没収あるいは土地の国有化をめざしてたたかう農民の圧倒的多数が労働者を支持し、および、この農民革命とむすびつき、またそれにもとづき、もっとも重要な物資の生産と分配を統制し、「全般的勤労義務」を実施する等々を目標とする方策をとることが必要である。そして、〝これらの方策は、その総体において、またその発展において、社会主義への過渡となるであろう〟（全二三、三七六頁）。すなわちプロレタリアートの独裁に転化するのである。（本段落は『遠方からの手紙、第五信』全二三、三七五〜三七七頁を参照）。

レーニンの予想は、ロシアでの幾多の革命的勝利にひきつづき、フィンランドでの革命闘争の前進、そしてロシアでのプロレタリアートと農民の革命的民主主義的独裁の権力が樹立され、そののちに（あるいは関連しあいながら）西欧での社会主義革命が勝利するという予想であり、ロシアでのプロレタリアートの独裁、すなわちプロレタリアート社会主義革命の勝利は、その後に起こると予想されていたのである。しかも、その速度は、ロシアでのブルジョア民主主義革命が勝利する以前よりは、はやいものであるという予想であったと思われる。

それは「スイス労働者への告別の手紙」で次の様に述べられていることから明らかであろう。〝特別な歴史的諸条件だけが、ロシアのプロレタリアートを、おそらくはきわめて短い期間、全世界の革命的プロレタリアートの先駆者にしたまでである〟（全二三、四〇五頁）。〝帝国主義戦争の客観的諸条件は、革命がロシア革命の最初の段階に局限されず、革命がロシアだけに局限されない保証となっている。**ドイツのプロレタリアートは、ロシアおよび全世界のプロレタリア革命のもっとも忠実な、もっとも信頼できる同盟軍である**〟（全二三、四〇七頁）、とのべ、そして最後に、〝帝国主義戦争の内乱への転化は事実となりつつある。

開始しつつあるヨーロッパのプロレタリア革命万歳！〟（同上、四〇八頁）と手紙を結ぶのである。

## 第三節　まとめ

第一節、第二節の考察から、レーニンは第一次世界大戦と関連して、おそかれ、はやかれ、先進国国＝「金利生活国」のひとつか、いくつかでプロレタリア社会主義革命がおこり勝利することを予想していたと思われる。[1]確かに『帝国主義論』は、独占資本主義の経済の総過程を分析し、またその故に、独占資本主義の政治過程の特質を明らかにしたものであるから（これに関しては、次章を参照）、帝国主義段階一般を通じて普遍性を持つが、第一次世界大戦をひき起こすまでに激化した帝国主義国間の矛盾、及びその戦争が更に階級的諸矛盾を拡大、深化させざるを得なかった当時の帝国主義の死滅性を歴史的に規定したという側面を忘れてはならないであろう。レーニンによって指導された国際主義者＝左派の闘争の発展（その可能性と必然性）が、帝国主義の死滅性を規定する主体的契機として、確信されていたのである。そして事実、プロレタリアート社会主義革命の序列の予想に、誤差が生じたものの、一九一七年ロシア社会主義革命が勝利し、レーニンをして〝帝国主義はプロレタリアートの社会革命の前夜である。このことは一九一七年以来、世界的な規模で確証された〟（文庫、一七頁）と言わせしめたのである。

死滅しつつある資本主義であるという帝国主義第三規定の歴史的性格を把握することは、次の結論を導くのである。すなわち、帝国主義が危機を回避して、その命を比較的に長期化しても、そのためには同様な寄生的な腐朽的な機構をもってしか延命させることはできないが故に、更に階級的諸矛盾を激化させ、部分的にせよ帝国主義は、その「弱い環」から死滅していくという結論である。そして、この結論は当然にも次のことを意味するのである。その命を比較的に長がらえている現代帝国主義は、どの様な寄生的な腐朽的な機構を持って自らを支えているのかということであり[2]、それは、国家独占資本主義分析のための重要な視角を示唆するのである。

ひるがえって、この結論とその意味するものは、第一に『帝国主義論』第十章、死滅しつつある資本主義という帝国主義の第三規定を歴史的性格を有した規定と把握し、それを軸にして『帝国主義論』を理解することの重要性（意義）であり、第二に現代帝国主義論＝国家独占資本主義論は、『帝国主義論』の基本論理の発展の中で把握することが可能であり、必然であるということである。

筆者は、原田三郎氏の〝今日のいわゆる現代資本主義論〟は〝ある意味では帝国主義論を見失いつつあるかに見える〟という問題提起を受けとめ、かつその要因は、死滅しつつある資本主義という帝国主義の第三規定の歴史的性格把握の弱さであるという立場から、第二章以下において、原田、庄司両氏の所説を批判的に検討し、自己の理解を述べるものである。従来、独占資本主義＝第一規定をめぐっての論議はかなりなされているが、筆者の研究は、第三規定及び第三規定、定式のための媒介となっている第二規定の把握に、その力点がおかれることになる。

（1） 論文「ヨーロッパ合衆国のスローガン」で一国革命の理論が明らかにされているがここでいう一国における社会主義革命の勝利の可能性として、レーニンの念頭にあったものは、西ヨーロッパの先進諸国であったと思われる。

上田耕一郎著「一国革命と世界革命」の「三ロシアにおける一国社会主義革命の勝利」その「2」を参照。

（2） 〝この外皮（私経済的関係と私的所有の関係――筆者）は、その除去を人為的にひきのばされても、不可避的に腐敗せざるをえないこと、（不幸にも日和見主義の腫れ物の治癒が長びくときには）その外皮も比較的長いあいだ腐敗したままの状態にとどまりかねないが、しかしそれでもやはり不可避的に除去されるであろうことが、明白になるのである。〟（文庫、二六五頁）

# 第二章　独占資本主義

## 第一節　〝政治における独占主義〟

庄司氏は、論文『『帝国主義論』についての一考察――「三つの規定」の関連について――』（コメンタール所収）において、〝『独占段階』規定がいかなる論理内容にもとづいて打ちだされたものであるか……。〟（コメンタール、一六二頁）と問題を提起し、それに対し、以下の様に主張される。すなわち、〝「いまやわれわれは、帝国主義について右にのべてきたことに一定の摘要をし、総括してみなければならない。帝国主義は、資本主義一般の基本的諸特質の発展とその直接の継続として生じたものである。だが資本主義は、その発展の一定の、きわめて高度の段階でだけ、すなわち資本主義の若干の基本的特質が、その対立物に転化しはじめたときに、また資本主義からより高度の社会＝経済体制への過渡期の諸特徴があらゆる方面にわたって形成され、あらわになった時に、はじめて資本主義的帝国主義となったのである」〃（文庫、堀江訳一二五〜一二六頁）という。〃総括的規定〃と、〃「経済的に基本的なものは、資本主義的自由競争が資本主義的独占にとってかわられたことである。自由競争は、資本主義と商品生産一般との基本的特質であり、独占は、自由競争の直接的対立物である。……割愛……。」〃（同一二六頁）という〃本質規定〃とに〃つづいて帝国主義の定義が与えられている〃（コメンタール、一六三頁）として、二つの定義を指摘する。

第一には、〃「もし帝国主義のできるだけ簡単な定義を与えなければならないならば、帝国主義とは、資本主義の独占的段階であるというべきであろう。この定義はもっとも主要なものを含んでいるであろう。……割愛……。」〃（文庫、堀江訳、一二六〜一二七頁）という定義であるが、この簡潔な定義は主要なものを包括してはいるが、その簡潔性の故に十全なものではないとして、より十全な定義、第二の定義を与える。〃「帝国主義とは、資本主義の一発展段階であり、そこでは独占体と金融資本との支配がつくりだされ、資本の輸出が顕著な重要性をもつにいたり、国際トラストによる世界の分割がはじまり、資本主義的最強国による一切の領土の分割が完了している。」〃（文庫、堀江訳、一二七頁）。〃これら二つの定義において、帝国主義がはじめて資本主義の「独占的段階」あるいは、資本主義の「一発展段階」として明確に定置されている（コメンタール、一六四頁）。以上が第一規定の論理内容であるという、庄司氏の理解である。

しかし、〃生産の集積・集中から生ずる独占が、銀行資本との融合を通じて金融資本に発展し、この独占の世界市場、投資領域、原料資源などを追求する運動が、国家というより現実的な形態を与えられることによって、世界経済における帝国主義諸国家の対立をひき起し、すでに世界の独占的分割がそれら帝国主義諸国家によって完了された、という独占の全体制的把握にもとづいて、この「段階」規定としての独占が導きだされてくるのである〟（コメンタール、一六四頁）と結論づけられるときに、経済過程にその活動が規定されるとしても、相対的独自性を持つ国家の経済過程に対する反作用の論理を、独占資本主義規定と関連させ、どの様に把握されるのかが問題にされなければならない(1)。

レーニンが、「マルクス主義の戯画と『帝国主義的経済主義』とについて」の中で、〝経済的独占に、すべての問題がある〟（全二三、三八頁）と述べたあとで、〝民主主義から政治的反動への転換が、新しい経済のうえに、独占資本主義（帝国主義は独占資本主義である）のうえに立つ政治的上部構造である。自由競争には民主主義が照応する。独占には政治的反動が照応する〟（同）こと、〝帝国主義は、政治的独立を侵害しようと努力〟（全二三、四〇頁）し、〝民主主義一般を寡頭制におきかえようと努力する〟（同）ことを指摘しているが、これは明らかに、すべての問題の根源である経済的独占と政治的上部構造、国家との間に、必然的な論理関係が存在することを意味していると思われる。

それでは、レーニンの『帝国主義論』において〝経済的独占〟と政治的上部構造、国家との関係をどの様に把握し、また、相対的独自性を持つ国家の経済過程に対する反作用の論理をどのように把握しているのであろうか。第三章「金融資本と金融寡頭制」において、〝独占はひとたび形成されて幾十億の金を自由にするようになると、絶対的な不可避性をもって、政治機構やその他のどんな「特殊性」にもかかわりなく、社会生活のすべての側面に浸みこんでいく〟（文庫、七五～七六頁）と述べられているところからも明らかな様に、いわば国内体制（第三章は、この論理次元と考える）としての金融寡頭制が、国家機構の中に浸みこんでいくことにより、国家機関を独占し、国家権力を金融資本に従属させ、経済的のみならず、政治的にも自らを支配的な体制とするのである。

庄司氏は、先の引用文以下の段落（引用文からロシアの一例まで、文庫、七五〜七七頁）を、〃金融寡頭支配の最も具体的な契機として、独占の支配の公生活のすべての方面への滲透、その結果としてのいわゆる金権政治の考察がなされる〃（コメンタール、五二頁）と把握している。この把握は、先の引用文の論理、つまり独占が〃……絶対的な不可避性をもって、政治機構や……、社会生活のすべての側面に浸みこんでいく〃という論理を、ブルジョア著述家でさえ指摘し、あるいは暴露している金権政治（文庫、七六頁を参照）という政治的現象との関連でしかなされていない。庄司氏は、経済過程の独占に力点をおき、それと政治過程のゆ着として、〃政治における独占主義〃（『分裂』全二三、一一四頁）を言わば消極的に把握している様である。原田氏も同様の把握であろう（コメンタール五六頁を参照）。

しかし、政治的現象である〃いわゆる金権政治〃という帝国主義的政治の性格づけを与えるのには、その前提として誰が国家権力を掌握しているのか、というより本質的（すなわち階級的）な問題を問わなければならないであろう。

筆者は、独占が必然的に〃……政治機構や……、社会生活のすべての側面に浸みこんでいく〃という論理を、積極的に帝国主義政治の本質を規定するものとして、すなわち国家権力をあれこれの資本一般ではなく、金融資本が独占し、従属させるという内容で把握すべきと考えるのである。金融資本が国家権力を独占し、従属させているが故に、〃いわゆる金権政治〃が〃けっして偶然でない〃（文庫、七六頁）、必然的な政治的現象であったのであり、金権政治を暴露しているブルジョア著述家も〃金権政治の支配が形成されたところでは、「もっとも広範な政治的自由でさえ、われわれが非自由人の国民となることからわれわれをすくうことはできない」とか、告白せざるをえなかったのである。〃（文庫、七七頁）。

〃資本主義的独占体は国民経済と政治で首位を占めるにいたった〃（文庫、一四一頁、傍点筆者）及び〃現代ブルジョア社会の、例外なくすべての経済機関と政治機関のうえに、従属関係の細かい綱の目を張りめぐらしている金融寡頭制〟（文庫、一六一頁、傍点筆者）という引用文（後者の引用文においては経済的支配と政治的支配を同じ比重で述べていることに留意する必要があろう。）は、筆者の把握を裏づけるものと考える。

金融資本によって独占された国家権力は、経済過程と密接に関連しあいながらも、それ自身の相対的に独自的な論理を展開するのである。第五章「資本国家団体のあいだでの世界の分割」の最後の一節で、〝最新の資本主義の時代はわれわれにつぎのことを示している。すなわち、資本家団体のあいだに世界の経済的分割を基礎として一定の関係が形成されつつあり、そしてこれとならんで、これと関連して、政治的団体のあいだに、諸国家のあいだに、世界の領土的分割を基礎として、植民地のための闘争、「経済的領土のための闘争」を基礎として、一定の関係が形成されつつある、ということである〟（文庫、九八～九九頁）と述べられているが、帝国主義諸国家による領土的分割は、〝資本家団体のあいだ〟の経済的分割を基礎としつつも、〝これとならんで、これと関連して〟相対的独自的に展開されることを意味していると思われる。そして事実、資本家団体のあいだでの世界の分割（資本家団体のあいだでの世界的協定）がはじまった時期は、一九〇〇年恐慌後、一九〇三年からー九〇九年の間（『帝国主義論』では）であるし、そのテコとなった資本輸出が顕著になった時期は、一九一四年であるのに対し、領土的分割が完了したのは、一九〇〇年である。（これについては、本章第二節の補論を参照）。

金融資本は国家権力までをも独占することにより、自ら政治経済的に支配的な体制（金融寡頭制）とし、その〝政治における独占主義〟は、それ自身の相対的に独自的な論理を展開するのである。「領土的分割の完了」という独占資本主義規定の第五標識は、〝政治における独占主義〟の相対的に独自的な論理を媒介として、はじめて定式されるのである。

国内体制としての金融寡頭制の政治的支配を〝いわゆる金権政治〟と把握する原田、庄司両氏の論理では、〝政治における独占主義〟の相対的独自的な論理を十分に把握することができないと思われる。そして、このことは、第二規定把握にも影響を及ぼすのであるが、これについては次章第二節で議論することになる。

金融資本は国内において政治経済的に支配的な体制となり、その〝政治における独占主義〟は、相対的に独自的な論理を展開することが明らかにされた。それに引き続き、金融資本の支配は必然的に世界的な体制にまで発展することが明らかにされる(2)。すなわち、〝独占体はすべての原料資源を一手ににぎっている時にもっとも強固である〟こと（文庫、一〇七頁）、〝資本主義が高度に発展すればするほど、原料の不足が強く感じられれば感じられるほど、また全世界における競争と原料資源の追求が激化すればするほど、植民地獲得のための闘争はそれだけ死にものぐるいになる〟こと（同、一〇七～一〇八頁）、金融資本は、〝一般に、ありうるべき原料を計算に入れ、まだ分割されていない世界の土地の最後の一片のために、あるいはすでに分割されている土地の再分割のための、気違いじみた闘争でおくれをとることをおそれて、どんな土地であろうと、できるだけ多くの土地を略取しようと努力する〟（同、一〇九頁）こと、〝資本輸出の利益も同様に、植民地の征服におしやる〟（同、一一〇頁）ことが明らかにされ、〝金融資本の基礎上に成長する経済外的な上部構造、すなわち金融資本の政策やイデオロギーは、植民地征服の熱望を強める。「金融資本は、自由ではなく支配を欲する」〟（同、一一〇頁）と総括する。

ここにおいて、金融資本による国家権力の独占を通じて、政治経済的に支配的になった国内体制としての金融寡頭制は、必然的に自らの支配体制を国際的な体制にまで発展させるのである。だからこそ、その後に、政治経済的、国際的な体制となった金融寡頭制の分析にあたっては、〝国家的従属の幾多の過渡的形態をつくりだすということを注意しなければならない〟（文庫、一一一頁）と指摘し、注意を喚起したのである。

『帝国主義論』第一章から第六章までは、帝国主義の経済的特質の分析であると言われるが、金融資本の支配体制（金融寡頭制）は政治経済的及び国際的な体制として分析されているのである。確かに、五つの基本的標識は純経済的標識ではあるが、『帝国主義論』第一章から第六章までは、帝国主義の政治過程の特質をも明らかにしたものであると言わねばならない。

〝生産の集積からはじまり、金融寡頭制、資本の輸出をへて、植民地の分割闘争まで展開される帝国主義の理論は、帝国主義の経済過程の総体をあらわしたものであるから、それはまた、帝国主義の政治過程の特質や国家独占資本主義の本質をも明らかにしているといわねばならない〟（五〇周年「経済」、五〇頁、島恭彦氏）。

独占資本主義という帝国主義の第一規定は、金融資本の〝経済における独占主義〟（全二三、一一四頁）及び〝政治における独占主義〟の両概念を包括したものとして筆者は把握するのである。

（1）池上惇著「国家独占資本主義論」第二章、第二節、「土台、上部構造の相互作用」を参照。

（2）以下の引用文はすべて第六章からであるが第六章全体を帝国主義の純経済的特質の分析とは言えないであろう。むしろ述べられている内容は政治的であり、経済的に重要なのは（すなわち経済的標識の意義）、経済的勢力範囲を拡大するのには、領土的（政治的）再分割闘争が必然になる歴史的段階を確定したこと（すなわち、全地球的な領土的分割の完了）であると思われる。

〝植民地〟をめぐる（「新しい国々をめぐる」）闘争も、「弱小国の領土の占有」をめぐる闘争も、すべて、帝国主義以前にもあったものである。現代の帝国主義にとって特徴的なものは、別の事がらである。すなわち二十世紀の初頭に地球全体が、あれこれの国家によって占領され、分割されつくしたということである。それだからこそ、「世界の支配」の再分割は、資本主義をもとにしては、世界戦争によらずにはおこなえなかったのである〟（全二二六、一六三頁）。

## 第二節　第一節の補論として

この補論の課題は、五つの基本的標識のそれぞれが特徴的になった時期及び画期を、『帝国主義論』に基づいて明らかにし、五つの基本的標識の論理的発展と歴史的発展は照応しているのか、否かという問題に結論を与え、そのことによって、「領土的分割の完了」という第五標識と他の四つの標識の時期的関連について明らかにすることである。以下メモ的にまとめる。

〈生産の集積と独占体〉

〝……。(三)十九世紀の活況と一九〇〇年―一九〇三年の恐慌。カルテルは全経済生活の基礎の一つとなる。資本主義は帝国主義に転化した〟(文庫、二八頁)。

〈銀行とその新しい役割〉

ドイツ

① ドイツでの預金の分布から導き出されている時期(第一表)―一九一二年~一九一三年。

一九〇七年~一九〇八年でもそうとうの集中。

② 「ドイッチェ・バンク」のグループ、第一次、第二次、第三次従属の総数八十七銀行。一九一〇年以前。

③ ベルリンの六大銀行の所有する営業所(第三表)の画期―一九〇〇年~一九一一年。

④ 「ディスコント―ゲゼルシャフト」の発受した書状の数(第五表)―一九〇〇年。

イギリス

① イギリス(アイルランドをふくむ)での支店数、すべての銀行の支店―七一五一。これは一九一〇年。

フランス

① フランスの三大銀行の支店と出張所の数及び資本額(第四表)―一九〇九年。

② パリの大銀行「クレディ・リヨネ」の口座数一九一二年。

レーニンは〝大銀行の「新しい活動」が最後的に確立された〟時期を〝ヤイデルスのうちにかなり正確な答を見〟つけだしている。(文庫、五七~六〇頁を参照)

ヤイデルスは、一八九七年ないし一九〇〇年を〝大銀行の「新しい活動」が最後的に確立された〟時期とみている。また、それは金融資本の確立を意味する。

〈金融資本と金融寡頭制〉

〝……。全体としては、十九世紀の最後の三十年間は増大の速度は比較的にそう急速ではないのであって、二十世紀の最初の十年間になってはじめていちじるしい増加をしめして、この十年にほぼ二倍になっているのである。したがって、二十世紀の初頭は、独占体（……）の成長という点……だけでなく、金融資本の成長という点でも転換期である〟（文庫、七八頁）というレーニンの指摘と第九表より、一九〇〇年〜一九一〇年に金融資本はいちじるしく成長した。

〈資本の輸出〉

〝この表からわかる様に、資本の輸出が大きな発展をとげたのは、やっと二十世紀のはじめのことである。戦争まえに、この三つの主要な国々の国外への投資額は、一七〇〇億〜二〇〇〇億フランに達した。この額からの収益は、ひかえめに年利五％として、一年に八十億〜一〇〇億に達するにちがいない。これこそ、世界の民族と国との大多数に対する帝国主義的抑圧および搾取の、またひとにぎりの富裕な国家の資本主義的寄生性の、堅固な基礎である！〟（文庫、八三頁）

この引用にある資本輸出総額の年は、第十一表から一九一四年であることがわかる。第十二表（一九一〇年ごろ）を第十一表の中に組み入れてみるならば、一九一〇年〜一九一四年の間に、フランスの資本輸出が急増し、全体の資本輸出総額が増加しているのがわかる。また、一九一四年の資本輸出総額は、一九〇二年のそれの約二倍になっている。

〈資本家団体のあいだでの世界の分割〉

・電気産業におけるグループ↓一九〇八年以来、A・E・Gとジーメンス・ウント・ハルスケ＝シュッケルトの間で密接に協定。

・石油産業↓一九〇七年、ロックフェラーの「石油トラスト」の勝利。

・海運業↓一九〇三年、ドイツ巨大会社とアメリカ＝イギリスのトラストの間で協定。
・国際軌条カルテル↓一九〇五年、イギリス、ドイツ、ベルギー、フランス、アメリカによる協定。
・国際亜鉛シンジケート↓一九〇九年、ドイツ、ベルギー、フランス、スペイン、イギリスによる協定。
〈列強のあいだでの世界の分割〉
〝「（一九世紀末の）この時期の特徴はアフリカとポリネシアの分割である」―彼（ズーパン）はこうむすんでいる。だがアジアにもアメリカにも未占取の土地、すなわちどの国家にも属さない土地はないのだから、ズーパンの結論を拡張して、この時期の特徴は地球の最後的分割である、といわなくてはならない〟（文庫、九九頁）。第十四表から一九〇〇年。

まとめると、第一に生産の集積が前進して独占体が成立し、全経済生活の基礎のひとつに転化したのは、十九世紀の活況と一九〇〇年の恐慌であること。第二に銀行は第一と同時期に、その「新しい役割」が確立し、その後の十年間にさらにいちじるしく増加する。そして、これは金融資本の確立、発展であること。第三に、レーニンが、〝これこそ、世界の民族と国との大多数に対する帝国主義的抑圧および搾取の、またひとにぎりの富裕な国家の資本主義的寄生性の、堅固な基礎である！〟と強調した時期は一九一四年であり、一九一〇～一九一四年のフランスの急増と同時に、全体の資本輸出総額が増大していること。第四に、資本家団体のあいだでの世界の分割（協定）は、一九〇三年～一九〇九年にむすばれたこと。第五に、列強のあいだでの領土的分割の完了は一九〇〇年であること。以上の様になる。

このことから次の結論が与えられる。第一に、岡本博之氏は〝レーニンの帝国主義理論におけるこれらの範ちゅう（五標識―筆者）の論理的発展は、客観的現実のなかで歴史的発展に照応して〟（五〇周年「経済」一九頁）いるとのべているが、〝『帝国主義論』の理論的展開は帝国主義の歴史的形成過程にそっておこなわれているといった見解は誤りである〟（同、二〇四頁、金子ハルオ氏）ということである。第二に、領土的分割完了にいたるまでの過程とその完了期は、独占体の成立及び銀行の「新しい役割」の確立とそれにともなう金融資本の確立と時期的な関連があり、歴史的発展に照応している(1)が、金融資本の発展（一九〇〇年～一九一〇年）、資本輸出、資本家団体のあいだでの世界の分割とは直接関連していないということである。資本輸出および資本家団体のあいだでの経済的分割は、一九〇〇年以前にもあったが（資本輸出は第一一表から明らかである。経済的分割は一八八四年～一八八六年の国際軌条カルテルがある。しかしこれは崩壊する。）、それらが顕著となり、基本的標識として確定される歴史的時期は、一九〇〇年以後のことである。

『帝国主義論』の理論的展開と帝国主義の歴史的形成過程との関連について、金子ハルオ氏は、先の引用に続いて〝しかしまた、このような理論的発展と歴史的展開とが直接に一致しないことをもって、いわゆる理論と歴史の対応関係を単純に否定する見解も正しくない。五つの基本的標識はそれら全体としては、資本主義の帝国主義への歴史的発展過程に対応しているものといえる〟（同、二〇四頁）と述べている。確かに、〝単純に否定する見解〟は〝正しくない〟が、〝五つの基本的標識は、それら全体としては、資本主義の帝国主義への歴史的発展過程に対応している〟と、その内的連関の考察をぬきにして一般的にのべる〝見解も正しくない〟と思われる。第一、第二、第三、第四標識は〝それら全体としては、資本主義の帝国主義への歴史的発展過程に対応しているものといえる〟が、まとめ及び注一から、第五標識は、第一、第二標識と〝結びついている〟ものの、第三、第四標識との関連では、相対的独自的に定式されているのである。五つの基本的標識の全体としての理論的展開と歴史的展開の関連は、以上の様に把握されるべきである。

(1) 〝われわれがさきに見たとおり、独占以前の資本主義、自由競争の支配していた資本主義が局限まで発展した時期は、一八六〇年代と一八七〇年代である。

われわれはいまや、まさにこの時期のあとで植民地略取のおそるべき「高揚」がはじまり、世界の領土的分割のための闘争が極度に強まったことを見るのである。したがって、独占資本主義の段階への、金融資本への資本主義の移行が、世界の分割のための闘争の激化と結びついていることは、疑いない〟（文庫、一〇一頁）。このところを、第五標識と他四標識との全体的な結びつきと理解するのは誤りであろう。〝独占資本主義の段階への、金融資本への資本主義の移行〟とは移行過程のことであり、独占体の成立の過程、金融資本成立の過程と結びつけられて、領土的分割が論じられていると把握すべきである。

# 第三章　寄生的な腐朽しつつある資本主義

## 第一節　原田、庄司両氏の第二規定把握の検討及び批判（その一）

原田氏は第八章で述べられている第二規定の性格をどの様に把握しているのであろうか。〝この主題は（第八章、筆者）、前の七章で純経済的概念に立脚して帝国主義の定義を与えた際に、なお別な概念に立脚した帝国主義の定義をも与えなければならないとして、帝国主義の歴史的位置と並んであげていた労働運動における二つの潮流と帝国主義との関係を取り上げようとするものであった。したがって、ここでの主題の主要な論点は、第三段切りにあたる部分に見出されるべきである。それは前の章の純経済的概念に立脚した帝国主義の全体的性格に関する第一規定に対し、社会的階級的概念に立脚した第二規定を与えるものに他ならない〟（コメンタール、一二〇頁）。すなわち第八章の〝主要な論点〟は〝社会的階級的概念〟を〝与えるものに他ならない〟とし、経済的寄生性の分析は、そのための〝経済的基礎が分析され〟（コメンタール、一二〇頁）ているという把握である。この点について庄司氏は、〝帝国主義の「寄生性と腐朽化」の理論的内容は、……この経済的寄生性の傾向を示しているということにつきるものではなく、より積極的には、……「金利生活国家」＝「帝国主義国家」がそれ自身の国内の階級関係、とりわけ労働運動の間にいかなる変化を生ぜしめたかということである。八章の中心問題はまさしくこの点にある〟（コメンタール、一七一頁）という把握であり、両氏とも同様の把握であると思われる。[1]

しかし、原田氏は〝帝国主義の経済的本質について以上に述べたすべてのことから、帝国主義は過渡的な、あるいはもっと正確に言えば、死滅しつつある資本主義として特徴づけられなければならない、という結論が出てくる。〟（文庫、一六四頁）という叙述から、〝八章の規定はもともと七章の規定のさらなる具体化であり、……そのとらえ方はあくまで経済的本質という視点からなされているのである〟から〝八章の寄生性にかんする規定を帝国主義の経済的本質のうちに包括しうるのである〟（以上コメンタール、一四八頁）と述べ、また〝これは（規定Ⅱ、筆者）、経済的規定ではないが、やはり帝国主義の経済的本質にかかわる規定である。〟（コメンタール、二〇五頁）という把握に変化する。すなわち、第八章の主要な論点は第二規定の内容として、社会的階級的概念を与えるものであるが、その分析の視点は、経済的本質という視点からなされているのであるから、第二規定は経済的本質のうちに包括しうるというのである。[2]

また原田氏は、『帝国主義と社会主義の分裂』（以後『分裂』と略す）との関連で、この点を次の様に把握している。〝この点、同じテーマを扱ってはいても『分裂』では分析の主な視点が八章とはやや異なっている。むしろ政治的側面自体におかれている〟（コメンタール、一四八頁）。『分裂』の内容は政治的側面、社会階級的側面の分析であることは明らかであり、このテーマの分析の視点も、〝政治的側面自体におかれている〟とするならば、はたして第二規定を〝経済的規定ではないか、やはり帝国主義の経済的本質にかかわる規定である〟と言い得るだろうか。むしろ、原田氏においては、『分裂』における第二規定の性格を、帝国主義の社会階級的本質＝政治的本質としなければならなくなるだろう。原田氏の第二規定の性格の把握は曖昧であり、『分裂』と『帝国主義論』における寄生性腐朽性の理解は整合的でないと言わねばならない。

なお、庄司氏は『分裂』全体をつうじての寄生性腐朽性の分析が、どの様な視点からなされ、その内容はどの様な性格であるか明確にのべていないので、判断できないが、原田氏とは若干の相違があると思われる。庄司氏は、『分裂』における帝国主義の寄生性腐朽性の説明の第一から第五までを（全二三、一一三〜一一四頁）、五つの基本的標識の〝それぞれが内包する矛盾のあらわれであ〟り〝経済的寄生性〟（コメンタール、一七〇〜一七一頁）として把握しているのである。同氏は注（コメンタール、一七五頁、注2を参照）において、『分裂』の寄生性に関する分析（1）、（2）、（3）、（4）、（5）は内容的に『帝国主義論』の（1）―（4）と同一であるとし、（4）については、すなわち〝「第四に、金融資本は支配を志向するものであって自由を志向するものではない[3]。あらゆる分野での政治的反動――これが帝国主義の特性である。買収、大じかけな収賄、あらゆる種類の疑獄」〟について氏の把握を述べるが、その把握は、この引用は〝『帝国主義論』三章「金融資本と金融寡頭制」においてすでに分析された、金融寡頭支配の本質としての反動性と腐朽性である〟ということになっている。

しかし、第四に引用されているヒルファーディングの引用文は、第六章において引用されたものであり、しかも明らかにレーニンが、経済外的な上部構造を議論する際の引用であり、第三章を経済的特質の分析という把握のうえで、第四を、すでに三章で分析されたものだとすることは明らかに誤りであろう[4]。社会階級的＝政治的寄生性として理解されるべきである[5]。

（1）〝寄生性の経済的本質を分析している第二段切りを、庄司氏は寄生性の経済的基礎というふうにとらえていたが、これはやはりこの章の主要な論点が寄生性の社会階級的側面にあるとの理解にもとづいて、第二段切りでは、まずその経済的基礎が分析されるというふうにとらえていたためだと思う。ぼくも、このとらえ方には基本的に賛成である〟(コメンタール。一二〇頁)ということからも同様の理解であろう。

(2) 第十章のさきに上げた引用(文庫、一六四頁からの引用)との関連で、第八章の性格をどう規定するかという庄司氏の意見は、明確にのべられていないようである。

(3) 庄司氏のこの注において〝金融資本は支配を志向するものであって、自由を志向するものでない〟という文章に「……」がつけられていないが、レーニンは、ヒルファーディングからの引用という意味で、『分裂』、『帝国主義論』その他で、「……」をつけている。

(4) 第四は〝金融寡頭支配の本質としての反動性と腐朽性である〟と述べているわけだが、庄司氏は〝金融寡頭支配の本質〟の政治的内容を〝いわゆる金権政治〟として把握していたのである。はたして、そこから〝帝国主義の特性〟である〝あらゆる分野での政治的反動〟という論理を展開することができるであろうか。筆者には無理な論理展開と思われるのである。金融資本が国家権力をも独占するという論理をふまえたうえで、〝金融寡頭支配の本質としての反動性〟を〝帝国主義の特性〟である〝あらゆる分野での政治的反動〟として把握されるのである。

(5) 奥泉清氏は、第四を社会政治的寄生性として把握されている様である。同氏の論文「帝国主義的寄生性についての考察――国家独占資本主義の分析視角に関連して――」(桃山学院大学『経済学論集』第八巻第一号所収)九頁を参照。

## 第二節　政治経済的及び国際的体制としての寄生性、腐朽性

レーニンは『帝国主義論』において、経済的寄生性、腐朽性について述べたあとで、〝金利生活国は、寄生的な腐朽化しつつある資本主義の国家であり、そしてこ

の事情は、一般的にはそれらの国々のあらゆる社会政治的諸条件のうえに、特殊的には労働運動における二つの主要な潮流のうえに反映[1]しないではおかない。〃（文庫、一三二頁）と論理を展開し、〃八章の中心問題〃である〃労働運動における二つの主要な潮流〃への反映について、ホブソンを引用し、論を進めてゆく。しかし、ここで注意しなければならないことは、レーニンは〃一般的に〃〃金利生活国〃のあらゆる社会政治的諸条件への反映も、重要な政治的社会階級的寄生性の内容として把握していることである。労働運動への寄生＝日和見主義の培養という点のみをもって政治的社会階級的寄生性の概念内容としたのではなく、まさにその寄生性は〃特殊的〃に把握されていたのである。原田、庄司両氏においては、この点での政治的社会階級的寄生性の把握がなされていないのである。

それでは、一般的な金利生活国のあらゆる社会政治的諸条件への反映とは何であろうか。このところに照応すると思われる箇所を『分裂』に見い出すことができる。

すなわち、〃……。重要なことは、労働貴族の層のブルジョアジー側への経済的離脱が成熟し完了したということであって、この経済的事実が、諸階級の相互関係におけるこの移動が、ある政治的な形をとるようになるのは、たいして「困難」ではないであろう。

このような経済的基礎のうえにいんぎんで、温順で、改良主義的で愛国主義的な職員や労働者のための経済的特権や施し物に対応する政治的特権や施し物を、最新の資本主義の政治的諸施設——新聞、議会、組合、会議、等々——がつくりだされる。内閣または戦時工業委員会、議会や各種の委員会、「堅実な」合法新聞の編集局や、それにおとらず堅実で「ブルジョア的に従順な」労働者団体の指導部の収入の多い安楽な地位——こういうものが、帝国主義的ブルジョアジーが「ブルジョア的労働者党」の代表者や支持者を誘惑したり、報賞したりする手段である。〃また〃政治的民主主義の機構も、これと同じ方向に作用している〃（全二三、一一五頁）というのがそれである。

これは、国内の社会的諸施設、政治的諸機構、民主主義的諸機構を日和見主義者に与える、経済的特権や施し物に照応する政治的特権や施し物にしていかなければ、帝国主義の社会的支柱[2]としての役割を、日和見主義者は演ずることはできないし、金融寡頭制の支配は維持できないということである。そして、〝ある政治的な形をとることになるの〟が〝たいして「困難」でない〟のは、第二章で明らかにされた様に金融資本が、国家権力を独占し、それを従属させているからである。

国家権力の独占から必然的に生起する寄生的な性格は国内の諸施設、諸機構への寄生にとどまることなく、論理必然的に国際的な広がりを持ったものになる。

第二章（本研究）で明らかにされた様に、政治的経済的及び国際的な支配体制まで成長した金融寡頭制は、帝国主義の政治的特性を規定するのである。『帝国主義論』第九章において、〝帝国主義の政治的特性は、金融寡頭制の抑圧および自由競争の排除に関連する、あらゆる面での反動と民族的抑圧の強さである〟（文庫、一四四頁）こと、カウツキーの政治的批判のなかで、〝帝国主義は金融資本と独占体の時代であるが、これらのものはいたるところに、自由への志向ではなく支配への志向をもちこむ。政治制度のいかんにかかわりなく見られるすべての方面での反動、この分野での諸矛盾の極端な激化――これが以上の傾向の結果である。民族的抑圧と、併合への志向、すなわち民族的独立を破壊しようとする志向（なぜなら、併合は民族自決の破壊にほかならないから）もまた、とくに激化する〟（文庫、一五七頁）と、明確に規定するのである。

レーニンは、この帝国主義の政治的特性＝反動、民族抑圧、併合[3]を、帝国主義の政治的社会階級的寄生性の一側面として把握していたことは、他の論文において以下の様に述べられていることから、明らかなことだと思われる。〝この抑圧（国内外の他民族抑圧―筆者）は、資本主義の没落を人為的におくらせ、世界を支配している帝国主義的諸民族の日和見主義と社会排外主義を人為的に支持する源泉の一つである〟（全二二、三九九頁）。すなわち、民族抑圧という帝国主義の政治的特性は、それ自体〝資本主義の没落を人為的におくらせ〟るものとして把握されていたのである。また、民族抑圧の一形態である、併合も同様に把握されていると思われる。

レーニンは、両方の側からの反動的な帝国主義戦争であると規定した第一次世界大戦の性格のひとつとして、次の様に述べる。〝現在の戦争は、資本主義の崩壊をおくらせることができるような特権と独占をめざす資本家たちの戦争である〟（全二一、二五五頁）と。すなわち、大衆の犠牲をもって、帝国主義の延命のために、その特権と独占をめざす戦争を、もっとも寄生的な腐朽的な政治として把握していたのである。

以上のことから、帝国主義の政治的社会階級的な寄生性の内容を、〝特殊的〟な労働運動における寄生＝日和見主義的潮流の培養という側面のみならず、世界体制としての金融資本が、国家権力の独占を通じて、必然的にその政治的特性を、反動、民族抑圧、併合とする側面、(4)また国内の社会的諸施設、政治的諸機構、民主主義的諸機構を日和見主義培養の手段として、経済的特権や施し物に照応する政治的特権や施し物にするという側面もふくめられなければならないと考える。そして、これらの寄生性腐朽性は国家権力を媒介として密接に関連しあっているのである。

独占資本主義は〝政治における独占主義〟と〝経済における独占主義〟であり、その必然的なものとしての帝国主義の寄生性、腐朽性もまた、経済的及び政治的社会階級的なものとして、かつ国際的な広がりを有したものとして、すなわち全体制的に把握されるべきと考える。

原田氏の寄生性、腐朽性の理解は、第一に、〝政治における独占主義〟を積極的に把握するということがなく、したがってそこから必然的に結論づけられる帝国主義の政治的特性としての寄生性、腐朽性の側面が把握されないこと、第二に、一般的な金利生活国の社会政治的諸条件への反映の側面が把握されていないこと、そして、特殊的な労働運動への寄生＝日和見主義的潮流の培養にのみ、政治的社会階級的寄生性の概念を与えるが故に、第八章の中心問題は労働運動に対する社会階級的寄生性であるとしながらも、けっきょく視点は純経済的本質という点からなされているから経済的本質にかかわる規定だと把握せざるを得なかったのであると思われる。またそれ故に、『分裂』との関連でも整合的に把握されなかったのであろう。庄司氏も、『分裂』の寄生性、腐朽性の内容説明（4）を、『帝国主義論』第三章ですでに分析された内容であるという、また経済的寄生性の内容であるという誤解をせざるを得なかったのであろう。

（1）この反映は、あくまで帝国主義の延命としての反映である。しかし、この点については、次節で議論することになる。

（2）〝このブルジョア化した労働者あるいは「労働貴族」の層は、その生活様式、その稼ぎ高、その全世界観の点で、まったく小市民的なものであって、これが第二インタナショナルの主要な支柱であり、そして今日では、ブルジョアジーの主要な社会的（軍事的ではないが）支柱である〟（文庫、一七頁）。

（3）レーニンは、この三つの政治的特性を、同列においたのではなくて、最も包括的な概念として反動を把握し、次により具体的形態である民族抑圧、またその一形態としての併合という序列で把握していたと思える。〝併合は、民族の自決を侵害するからである。いいかえれば、それは民族的抑圧の一形態だからである。〟（全二二、三九〇〜三九一頁）また反動と民族抑圧の関連については、マルクス・エンゲルスの次の引用を、しばしば、レーニンは用いる。〝他民族を抑圧する民族は自由にはなり得ない。〟以上の関連を図示すれば以下の様になる。

反動｛国内
　　　国外→民族抑制｛国内↓
　　　　　　　　　　　国外＝併合—国外

（4）岡本博之氏は寄生性腐朽性の一つとして〝ブルジョア国家の内外政策における民主主義から政治的反動への転換〟〝また、領土併合とむすびついた被抑圧民族の搾取〟をあげている。（以上、五〇周年「経済」二四頁。）

西野勉氏は寄生性腐朽性の諸原因と諸現象の説明において以下の様に述べる。〝第四にレーニンは、……および、それとの関連（資本家団体による世界の経済的分割との関連―筆者）で行なわれる少数の帝国主義国による植民地独占と他民族支配とに、帝国主義段階の資本主義の寄生性と腐朽の原因をもとめている。〟（五〇周年「経済」九五頁。）

## 第三節　原田、庄司両氏の第二規定把握の検討及び批判（その二）

さて、原田及び、庄司氏の八章把握について、もうひとつ重要と思われる点を検討しなければならない。それは、第八章の最後の一節（文庫、一四一頁）の理解であり、〝「奴隷の言葉」で終らなければならなかった背後〟（コメンタール、一七四頁）にある、〝帝国主義に反抗する革命的労働運動〟（同）昂揚の必然性という〝積極的論理〟（同）の問題である。

庄司氏が、第八章の〝背後〟にある〝積極的論理〟＝〝帝国主義に反抗する革命的労働運動〟昂揚の必然性を〝把握すべきである〟と主張したのは、レーニンがホブソンを引用したあとで〝著者はまったく正しい。もし帝国主義勢力が抵抗に出合わないなら、それはまさにこのような状態に導くだろう。……。ただ、一般に帝国主義にたいして、とくに日和見主義にたいして抵抗している勢力のことをわすれてはならない〟（文庫、一三五頁）という指摘、及びそれと直接関連[1]している〝今日の状態の特徴は、日和見主義と労働運動の一般的で根本的な利益との非和解性を強めずにはおかない様な、政治的および経済的諸条件にある〟（文庫、一四一頁）という指摘から、〝日和見主義は、もはや今日では、十九世紀の後半にイギリスで勝利を得たように、数十年の長きにわたってある一国の労働運動で完全な勝利者となることはできない〟（文庫、一四一頁）のは、帝国主義国のおかれている、イギリスが独占的地位にあった時代とはまったくちがった、客観的諸条件の故と革命的労働運動の昂揚が必然化される故であると理解したからであろう（コメンタール、一七三〜一七四頁を参照）。この理解を第一に『分裂』との関連[2]で、第二に庄司氏の論理に基づいて検討していくことにする。

（二）『分裂』の論理との比較

『分裂』ではまず、〝一八四八年から一八六八年にかけて、またいくぶんはそのあとでも、独占的地位をもっていたのはイギリス一国であった。だからこそイギリスは、数十年にわたって日和見主義が勝利することができたのである。きわめて豊かな植民地をもつ国も、工業上の独占をもつ国も、ほかにはなかった。〟（全二三、一一三頁）という当時のイギリスの独占的地位の客観的条件から、数十年にわたる日和見主義の勝利が結論づけられ、強調されている。そして、引続き〝十九世紀の最後の三分の一は、新しい帝国主義時代への過渡期であった。いまでは、一国だけでなく、きわめて少数ではあるが、いくつかの大国の金融資本が独占的地位を占めている。（……。）この相違からして、イギリスの独占が数十年のあいだ挑戦を受けなかったというようなことが、おこりえたのである。現代の金融資本の独占は激しい挑戦を受けており、帝国主義戦争の時代がはじまっている。以前には、一つの国の労働者階級を数十年のあいだ買収し堕落させることが可能であった。いまでは、そういうことはありそうもなく、おそらく不可能でさえある。しかし、そのかわりに、おのおのの帝国主義的「大」国は、より小さな層ではあるが（一八四八〜一八六八年のイギリスにくらべて）、「労働貴族」の層を買収できるし、また現に買収している。〟（全二三、一一三〜一一四頁）。それは、第一に日和見主義的潮流培養のための経済的基礎が、イギリスの独占的地位とはちがった、帝国主義国間の不断の激しい闘争の中でしか、獲得できないという客観的条件から、きわめて不安定であるということ、第二に、より小さな層しか買収できないということ、それ故に、日和見主義的潮流は、数十年の長きにわたって勝利することはできないと論理が組みたてられているのである。第一義的には、当時のイギリスが独占的地位にあった時代とは、根本的に変化した客観的条件から説明されているのである。

この直後に、〝トラスト、金融寡頭制、物価騰貴、等々は、ひとにぎりの上層分子の買収を可能にしながらも、プロレタリアートと半プロレタリアートの大衆をますますはげしくおしつけ、抑圧し、ほろぼし、くるしめているから〟（全二三、二一四頁）〝以前よりもいっそうはげしく抑圧され、帝国主義戦争のあらゆる苦難を受けている大衆が、このくびきをふりおとし、ブルジョアジーを打倒しようとする傾向がある。〟（同）という革命的潮流の昂揚を主体的要因としてあげているが、その論理は、政治的矛盾及び経済的矛盾が階級的矛盾の激化を必然的なものにし、更に帝国主義戦争がこの矛盾を激化させるという論理をふまえ、しかるのちに革命的潮流の昂揚が必然化されているのである。

第八章の最後の一節の〝日和見主義は、もはや今日では、十九世紀の後半に、イギリスで勝利を得たように数十年の長きにわたって、ある一国の労働運動で完全な勝利者となることはできない。それは幾多の国で最後的に成熟し、爛熟し、腐朽してしまい、社会排外主義としてブルジョア政治と完全に融合してしまったのである。〟（文庫、一四一頁）という指摘の意味は、第一義的には前節との直接的な関連から（『分裂』でもそうであるように）、すなわち当時の帝国主義諸国のおかれた客観的条件から、日和見主義が数十年の長きにわたって勝利することができず、危機の時代には、日和見主義は必然的に社会排外主義に陥らざるを得ないということである。

〝今日の状態の特徴は、日和見主義と労働運動の一般的で根本的な利益との非和解性を強めずにはおかないような、経済的および政治的諸条件にある。〟という指摘は、客観的条件そのものの事実を指摘し、及びイギリスが独占的地位をしめていた、当時の労働運動とはくらべものにならないくらい成長した、革命主体（勢力）の存在そのものを示唆したのであり、『分裂』の様にけっして論理的に導き出されてきたわけでもないのである。したがって、その限りで抽象的にのべられているのである。

第八章、最後の一節において、革命的労働運動の昂揚という論理は、けっして論理必然的に結論づけられているわけではなく、八章の〝背後〟にある〝積極的論理〟として〝把握しなければならない〟ということにはならないのである。しかし、この検討（『分裂』との比較）はそこで根本的な検討及び批判は庄司氏自身の論理に基づいて解釈の相違を述べたということであるかもしれない。それによって、この「解釈の相違」がいかにして起きたのかも説明されるであろう。

（二）庄司氏の論理展開の検討及び批判

庄司氏は、〝この最後の一節に結実された論理、これが八章の結論なのである。だが、ここで再びわれわれは、この結論がいかにして導かれて来たものであるか立ちかえる必要がある〟（コメンタール、一七四頁）として〝帝国主義の第一の規定――資本主義の「独占段階」――と第二規定――「寄生的な腐朽化しつつある資本主義」〟（同、一七五頁）の関連についての論理を展開する。〝既にわれわれは、八章の直接の研究課題、「帝国主義に固有な寄生性」が、帝国主義の経済的な「五つの基本的標識」のそれぞれのもつ矛盾の発現形態であることを指摘した。その上これらの寄生性と腐朽化との諸特質は、その最も具体的な形態としての、多数の債務国を制圧する「金利生活国」において総括され、そこにおいて、帝国主義は「寄生的な腐朽化しつつある資本主義」として規定されていることをも明らかにした。そして、この「金利生活国は、寄生的な腐朽化しつつある資本主義の国家である」ということのうちに、帝国主義段階における労働運動の日和見主義的潮流を規定すると同時に、かかる「金利生活国家」間の闘争＝帝国主義戦争を通じて、日和見主義と対決する革命的労働運動を昂揚せしめずにはおかない最も具体的な根拠を見出したのである。従って、われわれは、この八章の「帝国主義と労働運動内部の二つの主要傾向との関連」＝「革命的労働運動」と「日和見主義・社会排外主義」との「分裂」闘争の「必然性」が、七章「資本主義の特殊な段階としての帝国主義」において与えられた「究極の論理」――帝国主義諸国家間の世界再分割闘争＝帝国主義戦争の不可避性――を直接うけ、その理論的基礎のうえに据えられていることを知るのである〟（同、一七四〜一七五頁）。

すなわち、「帝国主義に固有な寄生性」は、〝五つの基本的標識のそれぞれの持つ矛盾の発現形態である〟という第一規定と第二規定との関連の把握が、単に五つの基本的標識の必然的な経済的論理の発展として与えられる経済的寄生性及びその経済的寄生性の故に労働運動に寄生し、日和見主義的潮流を必然化させるという社会階級的寄生性という内容にとどまることなく、「金利生活国」において総括された。五つの基本的標識のそれぞれの持つ矛盾の発現形態が、帝国主義諸国家の矛盾＝帝国主義戦争を通じて、プロレタリアートとの階級的矛盾を激化させ、革命的労働運動の昂揚が必然化されるという内容にまで広げられている。そして労働運動の分裂と闘争の必然性は、七章の究極の論理＝帝国主義戦争の不可避性を直接うけ、その理論的基礎のうえにとらえているという、第一規定と第二規定のもうひとつの関連が明示されているのである。

この第一規定と第二規定の関連把握についての疑問点は、〝五つの基本的標識のそれぞれの持つ矛盾の発現形態〟の内容が経済的寄生性（及びそこから必然的に導き出される社会階級的寄生性）との関連では、五つの基本的標識の必然的な経済的論理の発展として把握されているのであるが、労働運動の分裂と闘争の必然性＝〝積極的論理〟との関連では、帝国主義国間の矛盾＝帝国主義戦争を媒介として（通じて）、プロレタリアートとの階級的矛盾を激化させるという内容にまで広げられているという点である。

庄司氏は第八章の〝積極的論理〟を把握する際、〝五つの基本的標識のそれぞれの持つ矛盾の発現形態〟を以上の様に二重的に把握していると思われる。

それでは、なぜ二重的に把握せざるを得なかったのであろうか。それは、同論文『帝国主義論』における「三つの規定」（七章、八章、十章）の論理的関連〟の要約と思われる次の引用において明確にのべられている（先の引用では、明確にのべられてはいない）。〃資本主義が帝国主義の段階に転化することによって、生産の社会化は独占によって、極度に発展し、それと生産関係との矛盾も極度にするどくあらわれる。矛盾のこの尖鋭化は、必然に社会の全制度の上に、とりわけ労働運動内部に反映せざるを得ないのであって、第二の規定はこの点を、一方独占資本が国内および海外のあらゆる領域から搾取する膨大な超過利潤を物質的基礎とする日和見主義的潮流の必然性と、他方世界の再分割をめぐる闘争の激化＝帝国主義戦争と、国内および海外の労働者大衆の搾取の強化・貧困化の増大とを通じて、ますます昂揚する革命的労働運動の必然性として打ち出し、かつこの革命的労働運動の日和見主義に対する闘争、克服の過程を通じてのみ、資本主義の基本矛盾―生産の社会化と私的占有の矛盾――を止揚しうるという論理に展開しているのである〃（コメンタール、一八〇頁）。

庄司氏は、第二規定の〃積極的論理〃を把握する際に、資本主義の基本的矛盾の激化を論理前提しているのである。この基本的矛盾の激化が、第二規定の把握において、〃社会の全制度の上に[3]、とりわけ労働運動内部〃への〃反映〃を〃膨大な超過利潤を物質的基礎とする日和見主義的潮流の必然性〃と同時に帝国主義国間の矛盾の激化＝〃世界の再分割をめぐる闘争の激化〃を通じて、〃革命的労働運動〃の昂揚を必然的なものにすると把握されているのである。

しかし、原田、庄司両氏ともに『帝国主義論』第一章把握の際には、資本主義の基本的矛盾を第一章の論理の中に位置づけてはいるが（コメンタール、一七頁及び二二頁を参照）、第一規定把握の論理において、帝国主義戦争の不可避性を第七章の究極の論理として把握[4]していたものの、〃二章から六章まで〃は〃帝国主義の「経済的諸特質」の分析〃（コメンタール、一六〇頁）として把握されていたのであり、その「経済的諸特質」が必然的に基本的矛盾を激化させるという論理までは把握されてはいなかったと思われる（庄司氏↓「『帝国主義論』についての一考察」、原田氏↓『帝国主義論』の基本論理について」

を参照)。

　また、たとえ第二規定把握の際に、資本主義の基本的矛盾を論理前提したとしても、その矛盾の激化が、帝国主義戦争を通じて、直接プロレタリアートとの矛盾の激化というふうに具体的に把握されるとは思えないのである。なぜなら、筆者は第一規定と資本主義の基本的矛盾の関連を以下の様に把握するからである。

『帝国主義論』第一章において、資本主義の基本的矛盾は次の様に述べられている。〝生産は社会的となるが、取得は依然として私的である。社会的生産手段は依然として少数の人々の私的所有である。形式的にみとめられている自由競争の一般的なわくは、依然として残っている。そして、少数の独占者たちの残りの住民にたいする抑圧は、いままでの百倍も重く、身にこたえ、耐えがたいものとなる〟(文庫、三三頁)。筆者は、この資本主義の基本的矛盾の第一章における理論的位置を次のように考える。第一には、〝資本主義はその帝国主義段階で、生産のもっとも全面的な社会化にぴったり接近する〟(文庫、三三頁)という結論をふまえ、しかし〝取得は依然として私的である〟(同)が故に、〝万能の経済的独占体の形成〟(文庫、三六頁)は不可避的に〝支配関係およびそれと関連する強制関係〟(同)を生みださざるを得ないという論理を展開するための、論理的媒介としての位置づけである。第二には、〝支配関係およびそれと関連する強制関係〟の後に分析されている、独占と恐慌の関係のための論理的前提としての位置づけである。すなわち、資本主義の基本的矛盾の具体的なものとして、独占と恐慌の分析がなされているという把握である。したがって、筆者は資本主義の基本的矛盾を、そのものの積極的な位置づけというよりは、むしろ論理的媒介及び論理的前提としての、いわば消極的な位置づけであると把握すると同時に、それと関連しながら第一章の論理次元での規定であり、それ故最も抽象的な論理次元において与えられたものと把握するのである。

　帝国主義は独占資本主義であるという第一規定は、究極的論理として帝国主義国間の矛盾の激化＝帝国主義戦争を不可避的なものとするが、独占資本主義分析過程のもっとも抽象的な論理次元において規定された、資本主義の基本的矛盾の激化をも不可避的なものにする。が、しかし『帝国主義論』第一章から第六章までは、おもに生産の社会化という側面、独占資本主義それ自体としての分析と内容であり、確かに第一章において基本的矛盾について述べられ、第一章及び第二章以下においても、生産の社会化と私的所有の矛盾の具体的な叙述はなされているが、けっして、それ故必然的な経済的及び政治的矛盾として総括され、定式されてはいないのである。階級的諸矛盾の激化は、政治的及び経済的諸矛盾が総体において激化するという論理をふまえて、把握されるのである。したがって第一章で与えられた資本主義の基本的矛盾の激化は、たとえ帝国主義国間の矛盾の激化＝帝国主義戦争を通じたとしても、たとえそれを論理的な媒介としても、直接金融資本とプロレタリアートとの矛盾の激化という論理は導かれないと考える。資本主義の基本的矛盾の激化と、金融資本とプロレタリアートとの矛盾の激化というのは明らかに論理次元に差異があり、帝国主義国間の矛盾の激化＝帝国主義戦争は、その差異をうめるものではないのである。

庄司氏は第二規定の把握において、第一に、第一規定との関連で明確に把握されていなかった資本主義の基本的矛盾の激化という論理をすでに前提していたと思われる。第二に、その基本的矛盾の激化が、帝国主義戦争を通じて、きわめて具体的な金融資本とプロレタリアートとの矛盾の激化を必然にするという論理であり、何の論証もなく論理無媒介的に直接規定しているのである。なお、第二規定の把握では、「金利生活国」における革命的労働運動の昂揚を必然化せしめる、金融資本とプロレタリアートとの階級的矛盾の激化だけを把握の論理に構成したにもかかわらず、第三規定の把握においては、第二規定把握の論理には構成されていなかった〝海外の労働者大衆の搾取の強化と貧困化〟という、「金利生活国」と民族解放勢力との矛盾をも論理に構成している。これは、非論理的と言わねばならないだろう。

庄司氏が、〝五つの基本的標識のそれぞれのもつ矛盾の発現形態〟を二重的に把握せざるを得なかったのは、帝国主義の第一規定の把握においては、明確に把握の論理に構成されていなかった論理＝資本主義の基本的矛盾の激化を、第二規定把握の際に論理の前提としなければならず、しかも、革命的労働運動の昂揚の必然性という第八章の〝積極的論理〟を主張するためには、最も抽象的な論理次元の基本的矛盾の激化を、金融資本とプロレタリアートとの矛盾の激化として具体的に把握しなければならなかったからだと思われる。

原田氏の『帝国主義論』の基本論理の把握も同様である。〝……。この基本論理をごく簡単に要約するならば、帝国主義とは独占資本主義であり、独占資本主義は、その特有の独占的蓄積形態によって、生産のあらゆる社会化を極度に発展させ、これと領有の私的関係との矛盾を極度に発展させ、そのことによってすでにそれ自身より高次な社会経済制度への過渡をなすのであるが、しかし同時に、この独占的蓄積形態から生まれる膨大な独占的高利潤によって、この過渡期を人為的に引き延ばす経済的、社会的能力をもっており、かくして、この両者の抗争――主体的には、過渡期の短縮を目指して帝国主義と闘争する労働運動の潮流と過渡期の人為的引延ばしに合流する労働運動の潮流との抗争を通じて、死滅性を具体化しつつある、というのである〟（コメンタール。二〇六頁）。〝これは（第一規定―筆者）、帝国主義の本質にかんする純経済的規定である〟（コメンタール、二〇五頁）としながらも、この第一規定は基本的矛盾を激化させ、それが第二規定で、〝主体的には過渡期の短縮を目指して帝国主義と闘争する労働運動の潮流〟の、昂揚の必然化という論理に発展する、と把握していると思われる。

また、庄司氏は、コメンタール一八〇頁の引用から、原田氏は、直前の引用から明らかな様に、〝労働運動における二つの主要な潮流〟への〝反映〟を〝反逆と引きつけ〟（コメンタール、二〇七頁）として把握されている。しかし、その〝反映〟は、労働運動の分裂＝日和見主義的潮流の培養という内容においてのみ把握されるべきである。なぜなら、今までの検討で明らかにされた様に、独占資本主義の分析とその内容は、最も抽象的な論理次元においての基本矛盾の激化及び（第七章においてではあるけれども）第一規定の積極的論理＝帝国主義戦争については分析されているが、おもに、それ自体としての（独占資本主義が、生産の社会化を極度に発展させるという側面の）分析と内容であり（原田、庄司氏の場合→経済的、筆者の場合→政治経済的）、そこから必然的に生起せざるを得ない、政治的、経済的、民族的諸矛盾の激化については、いまだ明確に総括＝定式されていない論理段階だからである。かつ、またそれらの諸矛盾の激化が階級的諸矛盾の激化として及び帝国主義戦争が更に階級的諸矛盾を激化させるものとして総括＝定式されていない論理段階だからである。独占資本主義規定の必然的な発展として与えられる第二規定は、第八章の論理段階では、帝国主義の延命としての要因であり、その分析と内容であると把握すべきである。

独占資本主義の把握の相違は、必然的に第二規定把握の相違をひき起こさざるを得ない。すなわち。第二規定の把握は、経済的及び政治的社会階級的寄生性としてしかも国際的な体制として、すなわち全体制的なものとして把握されなければならない。そして、原田、庄司両氏が、八章の〝背後〟にある〝積極的論理〟というのは、帝国主義戦争を通じたとしても、第八章の論理次元では把握され得ない論理であり、また、帝国主義の寄生性、腐朽性は、帝国主義を延命させる要因としての性格しか与えられない論理次元である。

第一規定及び第二規定をこの様に把握するとき、必然的に死滅しつつある資本主義の理解にも相違を起こさざるを得ないのである。

（1）もっともこの関連について、庄司氏は何も言ってはいない。筆者の推測である。

（2）なぜ『分裂』との関連で検討するかと言えば、原田氏がそれを指示しているからである。コメンタール一二二～一二三頁を参照。

（3）庄司氏の〝社会の全制度の上〟への〝反映〟についての分析はなく、また『帝国主義論』把握の論理にも構成されていないことは第一節において検討し、第二節において批判している。

（4）独占資本主義という「段階」としての独占が、どの様な論理に基づいて定式されているかは、すでに第一章第一節でのべてある。庄司氏は、その〝うちに含む内的論理〟（コメンタール、一六四頁）を〝帝国主義諸国家の発展の不均等性と、それにもとづく世界の再分割戦争の不可避性の論理〟（コメンタール、一六五～一六六頁）であるとして、〝七章全体の結語的論理であり、かくしてまた、帝国主義が資本主義の「独占段階」と規定される場合の「段階」としての独占がもつ窮極的論理なのである〟（同、一六六頁）と把握している。筆者も同意見であるが、レーニン自身も、帝国主義戦争の不可避性を独占資本主義規定から直接導いていることは留意する必要があろう。

　レーニンは『遠方からの手紙、第四信』において、〝帝国主義とは何か?〟と問い『帝国主義論』からの引用、すなわち庄司氏が〝資本主義の「独占的段階」あるいは、資本主義の「一発展段階」として明確に定置され〟るとした、二つの定義の第二の定義の箇所を引用し、続けて以下の様に論理を展開する。〝問題は、けっきょく資本が膨大な規模に増大したということに帰着する。少数の巨大資本家の団体（カルテル・シンジケート・トラスト）が幾十億金を支配し、全世界を自分たちのあいだに分けあっている。地球は全部分割しつくされた。戦争は億万長者のきわめて強大なグループ、イギリス＝フランスのグループとドイツのグループとの、世界再分割をめざす衝突によってひきおこされた〟（全二三、三六八～三六九頁）。レーニンは再分割のための帝国主義戦争を、独占資本主義規定から直接導いていると思われる。

## 第四章　死滅しつつある資本主義

### 第一節　『帝国主義論』第十章の論理

（一）はじめに

すでに、第三章第三節において、庄司氏の〝『帝国主義論』における「三つの規定」（七章、八章、十章）の論理的関連〟把握についての引用はされている。それに引き続き、以下の様に論じられている。〝十章において、『帝国主義論』全体の結論である資本主義の「死滅性」の規定が、一見、帝国主義の経済的本質である「独占資本主義」、それによってとくに激化する「生産の社会化」と「私的所有者的諸関係」の矛盾という、より一般的な命題だけから導かれているとしても、実際には、既に八章で明らかにされた第二の規定の内容と結論をふまえてのことであったと考えられる〟（コメンタール、一八〇頁）。庄司氏は、第二規定で金融資本とプロレタリアートとの階級的矛盾の激化がすでに論証されているというわけであるが、その点はすでに、第三章第三節で検討され、批判されている。ここでは、その第一規定及び第二規定把握の故に、〝独占の、あるいは独占資本主義の主要な現われの、四つの主要な種類〟（文庫、一六〇頁）を、第七章の再述とまた、その後の寄生性腐朽性に関する叙述を、第八章の再述と把握[1]している点及び、第十章では帝国主義の死滅性を、〝より一般的な命題だけから導かれている〟という把握になっている点について、第七章及び第八章の再述ではないこと、したがって、〝より一般的な命題だけから導かれている〟のではないことを述べていき、筆者の第十章把握について明らかにしていきたい。

筆者は、もし第十章が〝実際には既に八章で明らかにされた第二の規定の内容と結論をふまえてのことであった〟ならば、再述をする必要などまったくなく、直接〝帝国主義は過渡的な、あるいはもっと正確にいえば、死滅しつつある資本主義として特徴づけられなければならないという結論〟（文庫、一六四頁）を、〝より一般的な命題だけから〟規定すれば良いと思われるのである。

（二）第一段の理解

庄司氏が、独占資本主義規定（第七章）の再述として把握しているところ（文庫、一六一頁前から一二行目まで）は、どの様に理解されるべきであろうか。それを理解する鍵は、この段の総括として与えられた最後の三行にあると思われる。すなわち、〝独占資本主義が資本主義のあらゆる矛盾をどれほどまでに尖鋭にしたかは、周知のところである。[2] ここでは、物価の高騰とカルテルの圧迫とを指摘すれば十分である。矛盾のこの尖鋭化こそ、世界金融資本の終局的な勝利のときからはじまった歴史的過渡期のもっとも強力な推進力である〟（文庫、一六一頁）というところの理解である。このところを理解するにあたって『分裂』の以下の引用を想起すべきである。〝トラスト、金融寡頭制、物価騰貴、等々は、……プロレタリアートと半プロレタリアートの大衆をますますはげしくおしつけ、抑圧し、ほろぼし、くるしめている……。[3]〟（全二三、一二四頁、傍点筆者）、及びこれと直接的な関連で述べられている、〝以前よりも、いっそうはげしく抑圧され、帝国主義戦争のあらゆる苦難を受けている大衆が、このくびきをふりおとし、ブルジョアジーを打倒しようとする傾向がある〟（全二三。一二四頁）。また、レーニンが『第二インターナショナルの崩壊』で、〝弁証法はあたえられた社会現象を、その発展において全面的に研究し、外的なもの、外見的なものを、根源的な推進力にすなわち生産力の発展と階級闘争に帰着させることを要求する〟（全二一、二一四頁、傍点筆者）と述べていることを考え合せてみるならば、明らかにレーニンは、第一段最後の一節を〝資本主義のあらゆる矛盾〟を、すなわち第一規定及び第二規定から必然的に生起せざるを得ない〝けっして経済的ばかりでなく、政治的、民族的、その他等々の〟（全二二、一一七頁）諸矛盾を、階級的諸矛盾として総括し、その矛盾の激化の故に、革命的諸潮流の昂揚が必然化されるということ、そしてその階級闘争の激化を〝歴史的過渡期のもっとも強力な推進力である〟とのべたのだと思われる。

レーニンは〝ここでとくにいま考察している時代にとって特徴的な独占の、あるいは独占資本主義の主要な現われの、四つの主要な種類を指摘〟（文庫、一六〇頁）するわけであるが、その四つの指摘は、『崩壊』の先の引用で〝生産力と階級闘争〟を〝根源的な推進力〟とのべていること、また第一段最後の一節を以上の様に理解するならば、第一章から第六章の中で明らかにされた五つの基本的標識の再述すなわち、独占資本主義が生産のあらゆる社会化を極度に発展させたということ（第一規定）と同時に、第一規定及び第二規定から必然的に生起せざるを得ない、政治的、経済的、民族的、その他等々の諸矛盾を、階級的諸矛盾と総括していることを、重複的に述べたのだと思われる。

　そして前者よりは後者を第十章での中心的な問題＝積極的な論理としたのであり、その故に、一般的な社会発展の〝根源的な推進力〟である〝生産力の発展と階級闘争〟という内容での総括よりは、社会主義のための客観的条件の成熟を前提にし、まさに〝歴史的過渡期のもっとも強力な推進力である〟（傍点筆者）ところの〝階級闘争〟（傍点筆者）の激化をもって、この段を総括したのだと把握するのである。〝独占の、あるいは独占資本主義の主要な現われの、四つの主要な種類を指摘〟するとしながらも、その総括を諸矛盾の激化として総括したのは、そのゆえんであろう。

　しかし、〝四つの主要な種類〟の〝指摘〟と第一段最後の一節（総括）の文章を以上の様に理解したとしても、もう一つの問題が残されている。それは、第十章冒頭の文章、すなわち〝すでに見た様に、その経済的本質からすれば、帝国主義は独占資本主義である。すでにこのことによって、帝国主義の歴史的地位が規定されている。なぜなら、自由競争の基盤のうえに、ほかならぬその自由競争から成長する独占は、資本主義制度からもっと高度の社会経済制度への過渡だからである〟（文庫、一五九〜一六〇頁）という、この文章の理解である。庄司氏は、このところを〝帝国主義の第一規定――「独占資本主義」――に直接もとづいて〟帝国主義の歴史的地位が規定されているとしているが、第一規定そのものから〝帝国主義がその「死滅性」において規定される〟（コメンタール、一七七頁、先の引用も同）とすれば、第一規定から導かれる第二規定と第三規定の関連は非論理的にならざるを得ないであろう。[4]

筆者は次の様に理解する。第十章は、すでに帝国主義の第一規定及び第二規定は与えられた段階であるから、レーニンは〝経済的本質からすれば、帝国主義は独占資本主義である。すでにこのことによって、帝国主義の歴史的地位が規定されている〟と論理を展開した際に、第一規定及び第二規定から論理必然的な、この直後にのべられる社会の〝根源的な推進力〟＝〝生産力の発展と階級闘争〟の激化を、論理前提した、ということである。すなわち、〝経済的独占に、すべての問題がある〟（全二三、三八頁、傍点筆者）とのべている様に、〝すでにこのことによって〟と論理を展開する際に、独占は生産の社会化を極度に発展させはするが及び自らの延命のための寄生的な腐朽的な機構をつくりだしはするが、それと同時に階級的矛盾を激化させざるを得ないという、〝すべての問題〟を内包した独占資本主義という意味でのべられていると把握する。したがって、第一規定から直接帝国主義の歴史的地位が規定されているのではないのである。

以上が、さしあたっての第十章第一段の筆者の把握である。しかし、ここで第一章で与えられた資本主義の基本的矛盾及び第七章の積極的論理である帝国主義戦争との関連を明らかにしなければならない。これがのべられることによって、筆者の第十章第一段把握のすべてが明示されることになる。

すでに、第一規定及び第二規定から必然的に生起せざるを得ない〝けっして経済的ばかりでなく、政治的、民族的、その他等々の〟矛盾の激化が、階級的諸矛盾の激化として総括されているということについては述べてある。この階級的諸矛盾の激化という論理は、第一に、第一章で与えられた資本主義の基本的矛盾の激化という論理を基礎としているということである。すなわち、資本主義の基本的矛盾の激化を論理的基礎とし、かつ第一規定及び第二規定から必然的に生起せざるを得ない諸矛盾の激化を論理的媒介として、はじめて階級的諸矛盾の激化が必然化されるのである。第二に、第七章の究極の論理として与えられた帝国主義戦争が、この階級的諸矛盾を更に激化させるのである。したがって、第十章第一段の最後の一節（総括の文章）は、帝国主義戦争が更に階級的諸矛盾を激化させるという論理を内包しているものと把握すべきである。[5]

以上が、第十章第一段の筆者の把握である。

次に、第二段の理解を明らかにする前に、第三規定＝死滅しつつある資本主義の説明で基本的矛盾及び三大主要矛盾の激化から説明している、しかも〝四つの主要な種類〟と関連させて説明している西野力氏の文章をここに引用する（もっとも、西野氏及びその他の論者[6]においても、三規定の内的連関については、何ものべられていない）。

まず、西野氏は〝帝国主義が「死滅しつつある資本主義」であり、「社会主義革命の前夜」であることを〟つぎの点によって説明する。第一は、生産力の発展、生産のいちじるしい社会化→社会主義の物質的基盤の形成。第二は、第一にもかかわらず、私的資本主義的取得と生産関係が維持されていること。このことから、基本的矛盾が激化する。そして、〝第三に、帝国主義のうみだす諸矛盾の激化こそは、資本主義の「死滅」、社会主義への「過渡」を推進する「最も強力な推進力」だということ。社会主義的プロレタリアートと独占との矛盾、「1カルテル化された産業とカルテル化されない産業との矛盾」の激化、抑圧民族と被抑圧民族との矛盾の激化、独占団体間の「2原料資源のための、『資本輸出』のための、『勢力範囲』のための……さらに経済的領土一般のための闘争」、帝国主義諸国家間の「3世界の分割と再分割のための闘争」、これらが[37]、帝国主義段階の資本主義を「突発的で、飛躍的で、破局的で、紛争の多い時代[38]」として特徴づけるのであるが、「矛盾のこの激化こそ、世界金融資本が最後的に勝利した時からはじまった歴史的過渡期の、もっとも強力な推進力[39]」なのである〟（(37)(38)(39)は西野氏、1、2、3は筆者のつけた番号である。五〇周年「経済」九八〜九九頁）。念のため引用箇所を示せば、(37)全二二、三三九頁、三四四頁、三四六〜

三四七頁、(39) 全二二、三四七頁。

明らかに、西野氏の引用1、2、3は第十章〝四つの主要な種類〟からの引用である。1、は第二の〝種類〟、2、3、は第四の〝種類〟からの引用である。第一段の総括として与えられた最後の一節と関連させ、〝四つの主要な種類〟を、五つの基本的標識の再述として把握しているのではなく、矛盾論として把握していると推測することができる。[7]

(三) 第二段の理解（文庫、一六一頁、後から六行目〜一六四頁、前から二行目まで）

第二段も、八章の再述とは把握されない。第二段の論理段階では、すでに資本主義の基本的矛盾の激化を論理的基礎とし、第一規定及び第二規定から必然的に生起せざるを得ない諸矛盾の激化を論理的媒介として、〝歴史的過渡期のもっとも強力な推進力である〟階級闘争の激化の必然性がのべられ、前提された段階である。

第二段の積極的な論理は、帝国主義国の不断の闘争の激化という客観的情勢の故に〝日和見主義は、もはや今日では、十九世紀の後半にイギリスで勝利を得たように、数十年の長きにわたって、ある一国の労働運動で完全な勝利者となることはでき〟（文庫、一四一頁）ず、また、帝国主義戦争という危機の時代には、金融資本は日和見主義を強化しようと努めるが故に、日和見主義は〝幾多の国で最後的に成熟し、爛熟し、腐朽してしまい、社会排外主義としてブルジョア政治と完全に融合してしまったのである〟（同）という第八章の結論、及びその具体化として与えられた、第九章のカウツキー批判、〝カウツキーは、帝国主義が政治的反動を強めることには反対しながら、帝国主義の時代には日和見主義者との統一は不可能であるという、とくに緊要になった問題をぼかしている〟、〝ヨーロッパの労働運動で日和見主義との崩壊しつつある統一をなにがなんでもまもろうとする志向が、骨の髄までしみこんでいる〟[8]（文庫、一五八〜一五九頁）を直接受け、その理論的基礎のうえに、階級闘争が激化せざるを得ない情勢（すなわち、第十章第一段を論理的媒介とする）の中で、もし日和見主義を克服するならば、社会主義のための闘争が勝利するという展望を与えたことである。

ここで、はじめて〝帝国主義との闘争は〟〝日和見主義に対する闘争と不可分に結合され〟（文庫、一六四頁）なければならないという（単に〝帝国主義の時代には、日和見主義との統一は不可能である〟という点にとどまらず）、日和見主義との積極的な闘争というマルクス主義的戦術を確定するのである。ここに、第十章第二段の積極的な論理があるのである。筆者は、第十章第二段を以上の様に、理解する。

（四）第三段の理解

（文庫一六四頁、前から三行目以下）

原田、庄司両氏は、第十章第一段、第二段を、それぞれ第七章、第八章の再述と把握しまた第十章では一般的な命題だけから、第三規定が説明されていると把握するのである。が、それに対し、再述ではなくまた第三規定はけっして一般的命題だけから導かれたものではないという、筆者の第一規定、第二規定把握のうえにとらえられた第十章第一段、第二段の理解をのべてきたわけである。しかし、最後にもうひとつの問題にふれなければならない。それは、原田、庄司両氏が、第一段、第二段を再述として把握するひとつの根拠とおもわれる[9]、第三段の冒頭すなわち、帝国主義を死滅しつつある資本主義であると規定づける論理である。

すでにここの論理段階は、第一規定及び第二規定が明らかにされ、そこから必然的に生起せざるを得ない階級的諸矛盾の激化が、すなわち〝歴史的過渡期のもっとも強力な推進力である〟この諸矛盾の激化が明らかにされ、それに対するマルクス主義的戦術を確定しえた段階である。帝国主義の死滅規定は、この論理段階ではじめて規定されたのである。ここで問題としなければならないのは、〝帝国主義の経済的本質について以上に述べたすべてのことから〟（文庫、一六四頁）、死滅規定を与えていることである。あたかも『帝国主義論』全体の結論であるこの規定が、直接的には帝国主義の経済的本質、すなわち「独占資本主義」から導かれている〟（コメンタール、一七九頁）ように見える。しかし、ここの論理段階は、以上に明らかにした段階である。それらすべての問題を規定したのが、独占資本主義規定であって、ここでの〃帝国主義の経済的本質について以上に述べたすべてのこと〃（傍点筆者）を、ここまでの論理段階（第十章第二段まで）すべてを内包しているものと、筆者は把握するのである。

以上が、筆者の『帝国主義論』第十章の把握である。

（1）〃この段切りの理由はきわめて簡明である。すなわち第一段切りおよび第二段切りは、それぞれ七章および八章の中心的命題をここに再述し、第三段切りではこれを総括して、帝国主義の歴史的地位を確立しているのである。〃（庄司氏）。また、これに対し、原田氏は〃おそらくこれについての異論もありえないと思う。〃とのべている。以上、コメンタール、一四一頁を参照。

（2）資本主義の矛盾を〃周知のところである。〃とのべていることについて。

『帝国主義論』では、直接的に前の〃四つの主要な種類〃をさしていると思われるが、むしろ、第一次世界大戦にまで帝国主義国間の矛盾が激化し（現に『帝国主義論』は帝国主義戦争の真只中で書かれたものである）、大衆の生活への圧迫が非常なものとなっていた、当時の客観的な情勢そのものを前提にしているとも思われる。

（3）〃帝国主義は、階級矛盾を大規模に激化させ、経済の面でも――トラスト、物価騰貴――、政治の面でも――軍国主義の略奪の強化と拡大――大衆の状態を悪化させて、大衆をこのような闘争に駆りたてている〃（全二二、一六五頁）。

〃階級的諸矛盾は緩和せずに、むしろ激化し、物価は高騰し、帝国主義的競争、軍国主義が猛威をふるっている〃（全二一、八六頁）。

軍国主義、物価騰貴、金融資本の圧迫、等々の激化を階級的諸矛盾の激化として総括していることは明らかである。

（4）このように把握しているのは、第八章の把握の故であるし、第十章第一段を第七章の再述と把握する故である。氏の論理では、けっして非論理的では「ない」のである。

（5）〝あらゆる危機と同様に戦争は深くかくされていた諸矛盾を激化し、それを表面にひきだし、………。〟（全二一、九〇頁）

〝戦争は、通常の仮眠の心理状態をうちやぶるきわめて激しい感情を大衆のうえに、ひきおこさないわけにはいかない〟（全二一、二八三頁）。

帝国主義戦争は階級的諸矛盾を更に激化させるのである。

（6）○岡本博之氏→五〇周年「経済」二四～二五頁。三大主要矛盾から説明

○林　直道氏→レーニン生誕一〇〇年記念「経済」三八～四〇頁。基本的矛盾及び三大主要矛盾から説明

スターリンは、『レーニン主義の基礎』で、レーニンの〝プロレタリア革命の理論は、次の三つの基本的な命題から出発する〟として、三大主要矛盾の激化を説明しているのであるが、すべて（レーニン『帝国主義論』参照）となっている。文庫版三三頁～三五頁。

（7）〝社会主義的プロレタリアートと独占資本との矛盾〟は、第一及び第三の〝種類〟から、〝抑圧民族と被抑圧民族との矛盾の激化〟は、第四の〝種類〟から論理必然であろう。但し、筆者は、明確にどこと、どことに、どの様な矛盾がのべられているのかということについて、断言することはできない。全体として、先にのべた内容であると理解しているのである。

（8）ここで筆者の『帝国主義論』第九章の理論的位置に関する把握について、述べておきたい。筆者は、第九章のそれを二面的に把握する。すなわち、『帝国主義論』基本論理の中に直接位置づけられている側面、及び『帝国主義論』基本論理とは、直接的には関連がなく、独自的に位置づけられている側面である。

前者とは、第八章の結論の上に立ち、直接その論理を発展させている論理――日和見主義との統一は、

帝国主義の時代には不可能であるという論理—であり、それは第十章（第二段）への橋渡しの論理ともなっているのである。この意味で、第九章は第八章の一層の具体化である。また、これが、第九章の第十章に対する理論的関連でもあるのである。

後者とは、カウツキーの政治的及び実践的批判の論理展開における諸矛盾の激化の論理（文庫、一五七～一五八頁）、及び民族解放勢力の〝抵抗の激化〟（文庫、一五八頁）の論理である（しかし、第九章では先進国＝「金利生活国」での労働運動の昂揚の論理は展開されていないことに留意する必要があろう）。

（9）　原田氏は、このところの理解から、第二規定を八章では社会階級的規定としながらも、十章では経済的本質にかかわる規定としたのであった。コメンタール、一四八頁参照。

## 第二節　帝国主義の死滅を規定する主体的契機としての民族解放勢力

すでに第三章第三節において、民族解放勢力と「金利生活国」＝帝国主義国との矛盾の激化の故に、民族解放勢力が社会革命の中に組み入れられるということ、すなわち帝国主義の死滅を規定する主体的契機のひとつになるという庄司氏の論理の非論理性は指摘してあるし、またそれに対する筆者の把握も前節で明らかにしている（階級的諸矛盾とは「金利生活国」と民族解放勢力との矛盾をふくむ）わけであるが、ここでは、他の文献に基づいて、レーニンが、社会革命主体としての民族解放勢力について、どの様に把握していたかを明らかにし、そのことにより、逆に、『帝国主義論』での民族解放勢力の位置づけを明確にしていきたい。

レーニンは、常に戦争の本質を把握（分析）する際、次の視点（階級的見地）を強調した。〝戦争は別の（すなわち暴力的な）手段による政治の継続であ〟（全二一、三二〇頁、二二五頁、全二三、二七頁等）り、〝それぞれの戦争を、その時代の当該の関係強国——およびそれらの国の内部のいろいろな階級——の政治の継続とみ〟（全

二一、二一五頁）るという視点である。そして、日和見主義者が、第一次世界大戦を〝民族的に解放されつつあった、上向線をたどる資本の封建制度に対する闘争〟（全二一、一四一頁）とすりかえることにより、祖国擁護のスローガンを提起したのに対し、レーニンは、〝ブルジョアジーは興隆しつつある先進的階級から転落しつつある、衰退的な、内面的には死んだ、反動的な階級になった〟（全二一、一四一〜一四二頁）のであり、〝現在の戦争は、……交戦諸列強の両グループのどちらについてみても、（この）奴隷制を維持し、強化するための、植民地の再分割のための、他民族を抑圧する「権利」のための、大国の資本の特権と独占のための、さまざまな国の労働者を分裂させ彼らを反動的に弾圧することによって、賃金奴隷制を永久化するための、奴隷所有者たちの戦争である〟（全二一、三五五〜三五六頁、その他全二一、一三頁参照）から、唯一正しいマルクス主義的戦術は、この戦争＝帝国主義戦争を内乱に転化することであると強調した。

しかし、〝現在の戦争を帝国主義戦争として特徴づけること〟によって〝民族戦争一般を否定する〟こと、〝「もはや民族戦争はあり得ない」という命題を擁護する〟ことや、〝現在の戦争を民族戦争だとするまちがった考え方のために、いろいろな社会民主主義者のあいだに、あらゆる民族戦争を否定するまちがったやり方〟（全二三、三五七頁、先の引用も同）があることを指摘し、これに対し、具体的に民族的蜂起の例をあげながら（全二二、四一四〜四一五頁）、民族運動が過去のものとなった西ヨーロッパとアメリカの先進諸国、民族運動が現在のものである東ヨーロッパすなわちオーストリア、バルカン諸国およびとくにロシア、民族運動がいちじるしく未来のものである中国、ペルシャ、トルコのような半植民地諸国とすべての植民地を指摘することによって、あらゆる民族戦争一般を否定する見解を批判したのである。（全二三、三五九〜三六一頁及び全二三、三三一〜三五頁を参照）。そして、〝帝国主義強国にたいする民族戦争は、ありうることであり、ありそうなことであるばかりではない。それは、不可避的であり、進歩的、革命的である〟（全

二二、三六一～三六二頁）と結論づけ、その場合の祖国擁護というスローガンは、まったく正当なものであることを強調したのである（全二三、二一四頁、その他）。

したがって、レーニンは〝社会民主党の綱領は、抑圧民族と被抑圧民族への諸民族の分裂を、帝国主義のもとでの基本的な、もっとも本質的な、不可避的なものとして提出しなければならない〟（全二二、一七〇頁）し、〝社会主義のための革命的闘争を、民族問題における革命的綱領と結合しなければならない〟（全二一、四二一頁）と主張したのであり(1)、〝われわれは、抑圧民族の社会主義者で、こういう宣伝（被抑圧国の分離の自由―筆者）をおこなわないものを、すべて帝国主義者として、ろくでなしとして、とりあつかう権利があり、義務がある〟（全二二、四〇五頁）として、国際主義者と排外主義者との区別の試金石ともしたのである(2)。

レーニンが、民族自決について、抑圧国の社会主義者がとる態度のみならず、被抑圧国の社会主義者がとる態度も、しばしば明らかにしていたということは留意する必要があろう。それは、以下のようにのべられている。〝被抑圧民族の社会主義者のほうでは無条件に被抑圧民族と抑圧民族の労働者の完全な統一（組織上の統一をふくめて）のためにたたかわなければならない〟（全二一、三二四頁、その他、全二一、四二二頁、全二二、一七一頁、四〇五～四〇六頁を参照）と。

以上が、当時、レーニンが民族問題に関して述べた基本的な内容である。このことから、当然にも社会革命勢力の主体的構成は、次の様に結論づけられるのである。帝国主義の時代には、〝第一に、革命的な民族的蜂起と民族戦争の、第二に、ブルジョアジーにたいするプロレタリアートの戦争と蜂起の、第三に、両種の革命戦争の結合等の可能性と不可避性を、生みださざるを得ないのである〟（全二三、八三頁）と。及び〝社会革命は、先進国におけるブルジョアジーにたいするプロレタリアートの内乱と、未発展の後進的な被抑圧民族における民族解放運動をもふくめた、一つづきの民主主義的および革命的な運動とを結合した時代としてしかおこりえない〟

（全二三、五九頁）と。

　レーニンは、『帝国主義論』において十九世紀末、二十世紀初頭の資本主義を全世界的に（その総体において）分析し、世界支配体制としての金融資本を、政治経済的に明らかにしたのである。そのことの故に、マルクス主義的なプロレタリア党の戦術をひきだすことができたのであり、その戦術は、民族解放勢力の社会民主主義者のそれ（〝「分離の自由」と同時に「結合の自由」〟（全二二、四〇六頁）、社会排外主義者の「祖国擁護」と民族解放勢力の「祖国擁護」のスローガンの区別、等々）を、ふくんだものであることは当然であった。(3)

　金融資本による世界支配、そしてそのための帝国主義戦争は、〝いままで歴史のそとにあって、歴史の客体としてしかみられていなかった何億という人類……従属民族を世界史に引き入れた〟（全二二、二二五頁）のである。レーニンは、民族解放勢力を、先進国＝「金利生活国」における革命的労働運動と同時に、(4)帝国主義の死滅性を規定する、ひとつの重要な主体的契機として位置づけていたのである。『帝国主義論』は、民族自決・解放のための闘争が、必然になる政治的経済的諸条件を明らかにしたものであることをも、忘れてはならないであろう。

（1）〝社会民主党の綱領のなかで中心点となるのはまさに諸民族を抑圧民族と被抑圧民族に分けることでなければならない。というのは、この区別は帝国主義の本質をなすものであり、……〟（全二一、四二二頁）。

（2）〝抑圧民族（……）の社会主義者でありながら、被抑圧民族の自決権（すなわち自由に分離する権利）を承認せず、主張しないものは、そのじつ社会主義者ではなく排外主義者である〟（全二二、二九八頁）。

〝大国、すなわち植民地をもつ国民の社会主義者で、この権利を主張しないものは、排外主義者である〟（全二二、三二四頁）。

（3）〝いろいろの「時代」（個々の国の歴史の個々の挿話でなしに）の区別の根本的な特徴を第一に考慮することによってはじめて、われわれは自分の戦術をただしく打ちだてることができる。そして、その時代の根本的特徴を知ることだけが、あれこれの国のいっそうくわしい特殊性を考慮する基盤となるのである〟(全二二、三八頁)。

(4) レーニンが、先進国におけるプロレタリアートの闘争と、民族解放勢力の闘争を同列においていたわけではない。前者を第一義的なものと考えていたことは明白である。

## 第三節　三規定とその内的論理連関の把握

今まで、原田、庄司両氏の所説を批判的に検討するとともに、自説を述べてきたわけであるが、本節において筆者の『帝国主義論』の三つの規定とそれらの内的論理連関把握を簡潔にまとめることにする。本節は、全章のまとめにも、相当するものである。

(一)独占資本主義規定

第一に、五つの基本的標識は、帝国主義の純経済的特(本)質の分析であり、規定である。しかし第二に、独占資本主義の分析は、経済の総過程を分析しているが故に、必然的に独占資本主義の政治過程の特質＝〝政治における独占主義〟の分析であり、またそれは、第五標識＝領土的分割の完了定式のための、論理的媒介となっているのである。したがって、第一規定は、政治経済的な規定として把握するのである。

帝国主義は独占資本主義であるという、この第一規定は、究極的論理として、帝国主義国間の矛盾の激化＝帝国主義戦争を不可避的なものとする。及び、独占資本主義分析過程(第一章)のもっとも抽象的な論理次元において把握された、資本主義の基本的矛盾の激化をも不可避的なものにするのである。しかし、以上の二つの矛盾の激化は与えられているが、独占資本主義の分析と内容は、おもにそのもの自体(生産の社会化の側面)としての分析と内容であり、政治的経済的民族的その他等々の諸矛盾の激化及び階級的諸矛盾の激化(帝国主義戦争が更にその矛盾を激化させるという論理もふくむ)の分析と内容はふくまれていないのである。

（二）寄生的な腐朽しつつある資本主義規定

第一に、五つの基本的標識のそれぞれの論理の発展として経済的寄生性の傾向を示すということである。そして第二に、経済的寄生性を基礎として、特殊的な反映としては労働運動に寄生し、そのことによって労働運動を分裂させ、日和見主義的潮流を必然的なものにする。第三に、一般的な反映としては、「金利生活国」の〝あらゆる社会的政治的諸条件〟＝社会的諸施設、政治的諸機構、民主主義的諸機構などを日和見主義者に対する経済的特権や施し物に照応する政治的特権や施し物にさせていくということである。そして、独占資本主義の分析と内容がおもにそのもの自体としての分析と内容であったが故に、第二、第三の〝反映〟は、帝国主義を延命させるかぎりでの、すなわち〝引きつけ〟としての〝反映〟として把握するのである。第四に、〝政治における独占主義〟は、必然的に帝国主義の政治的特性を反動、民族抑圧、併合とするということである。この第四は、国家権力を媒介として第三と密接な関連にあるのである。政治的社会階級的寄生性とは、第二から第四までのことであり、第一規定がそうである様に、第二規定も政治経済的かつ国際的な概念として把握するのである。

第二規定の積極的な論理は、第一規定の究極的論理を直接ふまえ、次の様に与えられる。日和見主義は、帝国主義戦争という客観的情況のもとでは、日和見主義培養のための経済的基礎が脆弱、不安定なために、十九世紀の後半にイギリスで勝利を得たと同様に勝利することはできないし、また帝国主義戦争という危機の時代には、ブルジョア政治と完全に融合しあい、社会排外主義となってしまう、ということである。

（三）死滅しつつある資本主義規定

死滅しつつある資本主義規定は、独占資本主義規定及び寄生的な腐朽しつつある資本主義規定が、総体として必然的に生起せざるを得ない政治的、経済的、民族的、等々の諸矛盾の激化を、最も抽象的な論理次元において与えられた資本主義の基本的矛盾の激化という論理の基礎の上に、階級的諸矛盾の激化として総括され、その激化の故に、また第一規定の究極的論理＝帝国主義戦争が更にその諸矛盾を激化させるが故に、革命的労働運動の昂揚を必然化せしめ、かつ、それまで歴史の客体としてあった民族解放勢力の昂揚をも必然化せしめ（ここにおいてはじめて、第一規定は社会主義のための物質的前提としての[1]、第二規定は客観的には労働運動の反逆を引きおこさざるを得ない要因としての性格が与えられるのである）、かかる主体的契機の成熟のうえに、帝国主義との闘争と日和見主義との積極的な闘争の結合というマルクス主義戦術が明確化され、日和見主義を克服するならば、社会主義が勝利する、という論理次元において、はじめて規定されるのである。

　以上が、筆者の『帝国主義論』の三規定とそれの内的論理連関の把握である。

（1）　資本主義内での生産力の発展＝生産の社会化は、資本主義的生産関係の量的な変化（増大）であり、そのものとしては、資本主義的に経済過程を支配・統制するものである。しかし、その生産の社会化が、必然的に私的資本主義的取得形態との矛盾を激化させ、階級的諸矛盾の激化を引きおこし、資本主義を打ちたおす、社会主義的勢力の昂揚が必然化される。社会主義のための物質的前提とは、その論理段階で、すなわち資本主義が社会主義に転化される主体的条件が論証された論理段階で、はじめて論理的には把握しうると考えるのである。

　本間要一郎氏は以下の様に述べているが留意する必要があろう。

　〝「死滅しつつある資本主義」という規定は、いうまでもなく、資本主義の歴史的発展における客観的必然性の洞察に基づくものではあるが、レーニンのばあい、それが主体的な革命的実践とふかく結びついていたことは明らかである。……生産の社会化にしても、それは現実には、独占支配の物質的機構として機能しているのであって、それ自身では何ら社会主義的諸関係を示すものではない。にもかかわらず、それを社会主義の物質的前提といいうるのは、これを物質的基礎として展開される社会主義の経済的変革のコースが、明確な形をとって浮かび上ってきたからにほかならない〟（「新マルクス経済学講座、２帝国主義の理論」、二六二頁）。

〝ある一定の経済的諸条件が社会主義のための物質的前提であるというばあい、そうした諸条件がそれ自身の属性として社会主義的性格をもつものではなく、社会主義建設のためにはそれを基礎とせざるをえないし、また基礎として活用しうるという、社会主義への主体的・実践的立場に立つのでなければ、無内容な規定になってしまうであろうというのである〟（同上、二六三頁）。

※卒業論文原本には、この後〈付記〉と図解三規定の内的論理連関を掲載しているが（本文八〇頁・八一頁）を参照。

## あとがき

最後に原本掲載の理由と、今も続いている私自身の避難生活について言及します。資料として掲載した卒業論文は、『帝国主義論コメンタール』を批判的に検討し、自己の論理をすなわち「帝国主義論」の解釈を述べた論文です。本文「三、『帝国主義論』の基本論理」は、自己の論理を簡潔にするために、批判的に検討した部分は全て割愛しました。そのために説明不足の箇所がある場合は、原本を参考にしてください。又、卒論が掲載された「信陵論叢」第十七巻の在庫がないと聞きました。以上の理由で資料として掲載することにしました。

震災（二〇一一年）の翌日、何も知らされず放射能汚染のひどい津島地区に避難、三日後に寒い氷雨の降る中を娘のいる仙台へそれから佐渡島を経て、七月下旬に福島市の仮設住宅に入居しました。浪江の特別養護老人ホームにお世話になっていた母は、栃木市の特老へ移転しましたが、避難時の過度の疲労が原因で再会したときは、家族の顔も声も認識することができず別人のようでした。母が亡くなったのは翌年（二〇一二年）

の六月下旬。原発事故関連死者の一人となりました。五度目の引越しで現在の住宅にきました。幸い隣組の皆様に暖かく迎えていただき六年目に入りました。

浪江町は、昨年（二〇一七年）三月末に避難指示が解除されました。私の場合、自宅に隣接するため池の除染が未だ手がつけられず、自宅の除染が終わってもその効果が不充分なうえに、ため池からの汚染も重なり居住は不可能です。避難指示解除説明会で内閣府の役人は、解除後二年経過したら固定資産税を通常の半額を二カ年課税し、以降は通常通りに課税するという説明をしました。自宅と近隣の除染が不充分で改築工事もできず、居住できない状態であるのにもかかわらず課税するというのです。「帰還してください」と一方で言いつつ、他方では住むこともできない固定資産に税を課税するという国の姿勢。理不尽が常態化している人生をいつまで強いるのでしょうか。

自分にとっての浪江町は、自分自身そのものであったという思いです。私は浪江町で生まれ育ち、大学卒業して数年後に実家に戻りました。その後、商店街活性化を目的に事業協同組合を設立、専従役員として従事し、その後町の町議会議員としても、ふるさと創りの仕事をしてきました。〈核災〉から七年経過した今でも、浪江町に対する愛着心と自負心そして戻りたいという気持ちは、日に日に強くなってきています。

最後に、日和見主義者に与えられる政治的特権や施し物として政治的諸機構―議会・

各種委員会―が指摘されていました。私の経歴、十八年間の議員生活（特に原発対策特別委員長の職責）は、まさにその特権と施し物を享受してきたのではないか。今般の執筆は、四十三年前の自分自身に諭された思いです。自戒の念とともに、残りの人生を静かに熟慮することができました。

原稿を書き上げたのは、五月中旬です。若松丈太郎氏（詩人・南相馬市在住）には、著書からの引用についてご快諾をしていただきました。鈴木比佐雄氏（詩人・「コールサック」（石炭袋）編集・代表者）には、多くの示唆や助言を頂き、また解説文も執筆して下さいました。心から感謝申し上げます。そして、やるせない〈核災棄民〉の生活を共に過ごし、常に私の健康に気を使い支えてくれた妻に感謝します。

一緒にふるさとに戻れる日が、来ることを願って……。

二〇一八年　沖縄慰霊の日　六月二十三日

鈴木正一

## 著者略歴

鈴木　正一（すずき　まさかず）

本　住　所　福島県双葉郡浪江町川添字中上ノ原２６６―１
避難先住所　〒９７５―００１４　福島県南相馬市原町区西町２―66―43
生　年　月　　昭和25年６月　浪江町生まれ

福島県立双葉高校卒業〈核災〉により平成29年３月休校）
福島大学経済学部経済学科卒業（昭和50年３月）
浪江商工信用販売協同組合専務理事（昭和54年～平成15年）
浪江町町議会議員（昭和62年～平成17年　５期18年）
　職責～副議長、議会運営委員長、原子力対策特別委員長、双葉郡広域市町村圏
　　組合議会議員（総務委員長）等他
横山建設（株）総務部長（平成17年～21年）本社　福島県双葉郡浪江町

鈴木正一評論集
〈核災棄民〉が語り継ぐこと
——レーニンの『帝国主義論』を手掛りにして

2018年8月21日 初版発行
著者 鈴木 正一
編集・発行者 鈴木比佐雄
発行所 株式会社 コールサック社
〒173-0004 東京都板橋区板橋2-63-4-209
電話 03-5944-3258 FAX 03-5944-3238
suzuki@coal-sack.com http://www.coal-sack.com

郵便振替 00180-4-741802
印刷管理 （株）コールサック社 制作部

カバー写真：柴田三吉 装丁：奥川はるみ

落丁本・乱丁本はお取り替えいたします。
ISBN978-4-86435-350-2 C1095 ¥1500E